L'INNOCENT EXILÉ

Y.5684
A.

TRAGI-COMEDIE,
par le Sr. Provais

A PARIS,
Chez ANTOINE DE SOMMAV[
dans la Gallerie des   erciers, à l'Esc

A MADEMOISELLE DE BOURBON,

ADEMOISELLE,

MA Renommée a parlé de vostre beauté comme d'vn abregé de toutes les merueilles; mais ce qu'elle en a dit n'aproche point des qualitez incomparables de vostre Altesse. Ie desseing qu'elle eut d'aprendre à l'Vniuers les premieres nouuelles de vos perfections, luy fit perdre le temps qu'elle deuoit employer à vous bien considerer, de sorte que pour trop entreprendre, elle donna des bornes à des graces infinies, & les Princes les plus esloignez l'accusent de n'auoir excité dans leurs cœurs qu'vn desir de vous seruir,

* ij

lors qu'ils deuoient vous adorer : La France à tousiours fait gloire d'humilier des Monarques ; Mais depuis quelle vous à veu triompher, elle se contente d'admirer les conquestes de vos yeux, & de confesser que vostre Altesse est moins vn miracle de la nature, qu'vn chef-dœuure du Ciel, l'vne à de l'imperfection, & l'autre est sans defaut. C'est en cet acheuement qu'il paroist que vous tenez entierement de vostre origine. Et ic vous nômerois sans pareille, si Madame la Princesse ne m'aprenoit que vous estes vne autre elle-mesme, & qu'elle a partagé sa vertu pour vous en faire vn glorieux appanage, dont vous joüissez si parfaictement, que tout le môde adjouste à cette verité, qu'vne cause toute diuine ne pouuoit produire vn plus noble effect, aussi tous les cœurs sont des temples où l'on sacrifie à vostre gloire ; Et ce Heros n'est forty de son pays qu'à dessein d'augmenter le nombre de vos adorateurs, & de se mettre en la protection de vostre Altesse, permettez qu'il vous approche sous le titre de l'Innocent exilé, Sa disgrace ne le touche point à légal de la crainte qu'il a de vous importuner du recit de ses aduentures, ses moindres exploits seruent encor d'exemple, & l'on n'a iamais fait de faute en l'imitant, il ayma mieux obeyr, que de resister à son Roy, l'affection qu'il eust pour sa patrie causa son infortune, & sa constance aydée de la faueur d'vn Prince à fait voir à la Perse qu'elle ne pouuoit assez reconnoistre ses victoires, apres ce qu'il a fait pour iustifier son innocence, il espere plus de son humilité que de tous ses combats, & l'hommage qu'il vous rend au mesme instant qu'il vous demande sa grace est vn effect de son zelle & non pas de son ambition, soyez l'arbitre & le iuge de sa generosité : Ie ne pouuois mettre ses interets en des mains plus augustes, & ie ne l'eusse iamais entrepris sans la permission que vous m'en auez donnée, qui doit apprendre que ie suis,

MADEMOISELLE,

DE VOSTRE ALTESSE,

Le tres humble, tres obeïssant
& tres-obligé seruiteur
PROVAIS.

POVR LA TRAGI-COMEDIE DE L'INNO-
cent exilé. Au Cenfeur medifant.

STANCES.

Fier tyran des vertus dont la jaloufe enuie,
S'ataque à la Candeur de la plus belle vie,
Et qui n'efpargne rien en tout cet Vniuers;
Dragon dont le venim infecte les oreilles,
Et qui n'en veut iamais qu'au plus rares merueilles,
Au lieu de cenfurer adore ces beaux Vers.

Encor que leurs appas foient foubmis à ta rage,
Ne leur derobe pas vn legitime hommage,
Et ne fais pas vn crime en choquant leur beauté :
Refpecte ce chef-d'œuure, & voyant fon merite,
Confeffe qu'il eft tel qu'il n'a point de limite,
Et que fon Auteur tient de la diuinité.

Dis que parmy tous ceux que l'antiquité vante,
Et tous ceux qu'enuironne vne gloire efclatante
L'on n'en fçauroit treuuer qui foit auffi parfait,
Puis que ce ieune Auteur en la fleur de fon aage
A bien plus fait luy feul par fon premier ouurage
Qu'ils n'ont faict tous enfemble en tout ce qu'ils ont fait.

GILLET.

A MONSIEVR PROVAIS SVR SON OVVRAGE
DE L'INNOCENT EXILE'.

EPIGRAME.

EN ce Siecle de fer où la malice abonde,
Où iamais la vertu ne plaift à tout le monde,
Bref où l'impieté s'ataque aux immortels
Prouais la verité permet que ie te die,
Que chafqu'vn enuiera ta Tragi-Comedie,
Et que ton Innocent fera des criminels.

AVISSE.

A L'AVTEVR DE L'INO-
CENT EXILE'

Toy qui faits briller la constance
Dans l'éfort des aduersitez,
Et qui par des biens meritez,
La payes de sa resistance,
Qui non content d'vn tel effort
As Remis l'jnocence au port,
Apres l'auoir mis dans l'orage
Et qui releue ses attraits
Auecque de si nobles traits,
Que ses trauaux chassent l'ombrage.

Apprends que leur viuante histoire,
Faicte pour triompher du temps,
Te dois rendre des plus contens,
Sy tu recherche de la gloire,
Mais quand tu fuïrois ses appas
Tu ne les esuiterois pas,
Voy donc le subject de tes veilles
Ainsi qu'vn enfant fortuné
qui ne sçaurois estre mieux né,
Pour passer toutes les merueilles.

LE CAMVS.

PERSONNAGES.

HERMOGENE Roy de Perse.

FENICE Infante de Perse.

ASTRAMOND Prince de Perse, & General d'Armée.

HERMODANTE Fauory du Roy Exilé.

ARTHENICE Dame Persanne, Maistresse d'Hermodante.

DORIS Confidente d'Arthenice.

AMINTE Fille d'honneur de l'Infante.

ORONTE
CLARIMANT } Chefs Persans, & leurs Soldats.
THEOMBRE

AMINTAS Prince rebelle.

GERONTE Gentilhomme d'Amintas.

SOLDATS d'Amintas.

ARISTOBANNE Capittaine des gardes.

ARTABAZE.

CLEON Page.

La Scene est en Perse.

L'INNOCENT
EXILE'
TRAGI-COMEDIE.

ACTE PREMIER.

SCENE PREMIERE.

ARTHENICE, & DORIS en habits d'hommes.

DORIS.

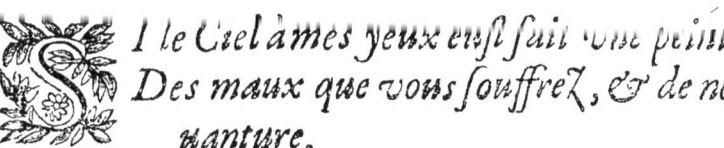I le Ciel à mes yeux eust fait une peinture,
Des maux que vous souffrez, & de nostre ad-
uanture,
Ie n'aurois pas, Madame, aisément consenty
A nostre esloignement, ny pris vostre party;

A

L'INNOCENT EXILÉ,

Mon cœur, où la raison fit peu de resistance,
Fut forcé par l'Amour, & par vostre constance;
Une lasche tendresse a pû me trahissant
Le rendre criminel en vous obeïssant.

ARTHENICE.

Pourrions nous à l'Amour opposer quelque chose,
Si des Dieux, & des Rois, sa puissance dispose.

DORIS.

Tout son pouuoir dépend de nostre volonté,
Et pourueu qu'on resiste, il peut estre dompté.

ARTHENICE.

Si tost qu'à son Empire vn subiect rend hommage,
Il faut que la raison souffre & fasse naufrage;
Tout aueugle qu'il est, on le doit adorer,
Et ie cheris les maux qui me font souspirer.

DORIS.

Souuenez vous, Madame, en l'estat où nous sommes,
Que nous auons à craindre, & les Dieux, & les hommes;
Sous ce déguisement nous fuyons le bon-heur,
Et couurons nostre sexe, & non pas nostre honneur;

TRAGI-COMEDIE.

Soyez moins aueuglée, & sçachez que la Terre
Peut ainsi que les eaux nous declarer la guerre.

ARTHENICE.

Il n'est plus temps de plaindre, & moins de reculer,
Ie voy bien le peril dont tu me veux parler;
Mais sçache quoy qu'il soit si proche de ma teste,
Que mon honneur n'est pas sa derniere conqueste;
Mon cœur ne fut iamais par la crainte abbatu,
Et ie puis en mourant te monstrer ma vertu.
Ne me reproche point dans mon mal-heur extréme
Que i'ay quitté les miens pour vn homme que i'aime,
Combien que mon honneur y demeure engagé,
Mon destin desormais ne peut estre changé,
En l'estat où ie suis ma perte est asseurée,
Ie sçay que ie l'approche, & les Dieux l'ont iurée.
Cette plaine où tu voy tant d'ossemens espars,
Ny le sang qui la couure en mille & mille parts,
Ne me font point trembler, mais constante & sans
   crainte;
Ie ris de la frayeur dont ton ame est atteinte;
I'aime ce que tu crains, ie hay ce qui te plaist,
Et la mort que ie cherche est mon seul interest.

DORIS.

Qui se donne la mort, rend sa main criminelle,
Et laisse à sa memoire vne tache eternelle.

A ij

Madame, resistez aux iniures du sort,
Disposez vous à viure, & non pas à la mort;
Peut-estre que le Ciel vous reserue Hermodante,
N'irritez point les Dieux, & soyez plus prudante;
Il n'est point de mal-heurs qui ne soient limitez,
Et qui les sçait souffrir les a presque domptez.

ARTHENICE.

Croy que la patience est vn foible remede,
Et ie ne puis guerir si cette main ne m'aide;
C'est le seul appareil qu'il faut à mes douleurs,
Et le sang est plus noble à verser que des pleurs:
Heureux est le moment qui nous oste la vie,
Si nostre ame par luy cesse d'estre asseruie;
Celuy qui le redoute a trop de lascheté,
C'est là qu'on doit monstrer sa generosité;
C'est là qu'on s'affranchit des Loix de la Nature,
Dont les droits sont prescripts dans nostre sepulture.

DORIS.

Quiconque se meurtrit paroist lasche & vaincu;
Mais qui vit constamment n'a iamais trop vescu.
L'esperance est vn bien que le temps nous découure,
Et pour le posseder l'occasion nous l'ouure.
Esperez donc, Madame, attendez tout des Cieux,
En meprisant la mort, du moins craignez les Dieux;
Offrez à leurs Autels vos ardentes prieres,

TRAGI-COMEDIE.

Et laissez vous conduire à ses hautes lumieres.

ARTHENICE.

Cét aduis est vtile à qui me l'oze offrir,
A qui cherit la vie, & qui craint de mourir.
Lasche à qui tout fait peur, esprit plein de foiblesse,
Ton conseil m'importune, il a trop de mollesse,
Le dessein que i'ay fait ne se peut reuoquer;
Et ne l'approuuant pas cesse de le choquer.

DORIS.

Qui consent à sa perte, ou contre soy conspire,
Est indigne de l'air que viuant il respire.

ARTHENICE.

Qui ioüit à regret de la clarté du iour,
Monstre qu'il n'a pour soy nul sentiment d'amour.

DORIS.

Qui resiste à ses maux remporte la victoire.

ARTHENICE.

Mais qui meurt pour les vaincre a beaucoup plus de
   gloire.

DORIS.

Qui ne les peut souffrir monstre ses laschetez.

A iij

ARTHENICE.

Qui les peut endurer les a bien meritez.

DORIS.

Armer vos propres mains afin de vous destruire.

ARTHENICE.

Ce que ie veux répandre icy ne me peut nuire.

DORIS.

Vn crime est odieux?

ARTHENICE.

      Ie n'en commettray point.
Et i'ay bien consulté mon honneur sur ce point;
Vne illustre action ne reçoit point de tache.

DORIS.

Qui se tuë, a le cœur moins genereux que lasche.

ARTHENICE.

Qui previent ses mal-heurs, ou qui les sçait dompter,
Arriue malgré tout où l'honneur peut monter;

Efuite si tu peux le peril qui nous presse,
Conserue toy la vie, & quittes ta Maistresse;
Tu redoutes la mort, & ie ne la crains pas,
Cette ville ou ce camp arresteront mes pas;
Les Dieux à mes souhaits semblent vouloir respon-
    dre,
Tous ses soldats armez ne me peuuent confondre; *Amin-*
Ie vais teste baissée où tu crains d'approcher, *tas &*
Et i'éuite vn defaut qu'on te peut reprocher. *les siens*
Voicy ma derniere heure : *sortent*
                          de la
                          ville.

DORIS à part.

O vertu sans exemple!
Digne d'estre admirée, & digne d'vn beau Temple.

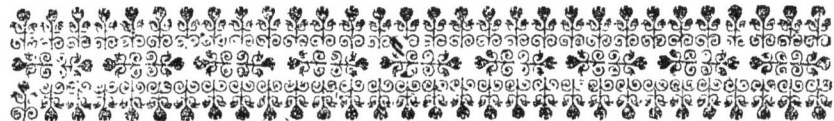

SCENE
DEVXIESME.

AMINTAS, GERONTE,
SOLDATS d'Amintas sortis de la ville.

AMINTAS aux siens, en approchant
Arthenice, & Doris.

MAIN basse, mes amis:

DORIS.

Arrestez, inhumains,
Et d'vn illustre sang ne souillez point vos mains;
Que celuy qui commande à cette trouppe armée,
Posant les armes bas croisse sa renommée;
Si le nom d'Arthenice a passé iusqu'à luy,
Au lieu de l'outrager qu'il la serue auiourd'huy.

AMINTAS.

TRAGI-COMEDIE.

AMINTAS.

Que ie suis interdit:

ARTHENICE.

O fille insuportable!
Qu'as tu fait?

AMINTAS.

Ce discours est-il bien veritable?
Cette ieune Merueille est-elle dans ces lieux,
Monstre nous la, de grace,

DORIS.

Elle est deuant vos yeux,
Sous cét habillement elle mesme se cache,
Ainsi que sa beauté son honneur est sans tache,
Ne les souillez donc pas.

AMINTAS.

O bon-heur sans pareil!
Est-il rien de semblable à ce diuin Soleil.

ARTHENICE.

Quel que tu sois en fin, tu voy cette Arthenice,
Que la fortune outrage auec trop d'iniustice;
Ie te reciterois en ce lieu mes mal-heurs,

B

L'INNOCENT EXILE'

Si ie le pouuois faire, & retenir mes pleurs;
Ce que i'ay fait m'offence, & me ferme la bouche,
Ne t'en informe point, mais si mon mal te touche,
Par vne prompte mort oste moy de soucy.

AMINTAS luy monstrant la ville.

Vous voyez vn azile, & ie vous l'offre icy.

ARTHENICE.

Non, non, poursuy ta pointe, arrache moy la vie,
Ou souffre que ce bras contente mon enuie;
Le iour est importun à quiconque le hait,
Et la mort que ie cherche est mon dernier souhait;
Respand, respand, mon sang pour espargner mes larmes.

AMINTAS.

Quoy que la mort par fois ait pour nous quelques char-
  mes;
C'est vne lascheté de se la procurer,
Nous la deuons combattre aussi bien qu'endurer;
L'attendre de pied ferme, & non pas la poursuiure.

ARTHENICE.

Mais elle est necessaire à qui ne veut plus viure,
Celle que ie souhaitte apres les maux soufferts,
Est en toutes façons plus noble que des fers;

TRAGI-COMEDIE. 15

Ie vous le dis encor, éuitez la tempeste,
Conseruez vostre peuple, & gardez vostre teste.

AMINTAS.

Ce bras en peut respondre, & ie porte au costé
Ce qui soustient mon peuple, & mon authorité;
L'ennemy nous assiege, il est vray, mais Geronte,
S'il attaque souuent, bien souuent on le dompte;
Mes soldats aguerris en font si peu de cas,
Qu'ils n'entrent qu'à regret dans ses foibles combats.

GERONTE.

Quelqu'vn sort de leur camp, pensons à la retraitte.   *Theó-
biɛ &
Hermo-
dante
paroiſ-
ſent.*

AMINTAS.

Amour seconde moy comme ie le souhaitte,
Fais que cette Beauté responde à mes desirs,
Et dans mes longs trauaux mesle vn peu de plaisirs.

SCENE QVATRIESME.

THEOMBRE, HERMODANTE,
& BERONTE sortans de l'vne
des tentes du Camp.

THEOMBRE.

AMY, que ie benis ton heureuse rencontre.

HERMODANTE.

Estonne toy plustost de l'ennuy que ie monstre,
Exilé par mon Prince:

THEOMBRE.

O Ciel ! que me dy tu,
Est-il permis aux Rois de bannir la vertu.

HERMO-

TRAGI-COMEDIE.

HERMODANTE.

Les Dieux sont Rois du Ciel, les Rois Dieux de la Terre,
Leurs desseins sont de bronze, & leurs peuples de verre;
On ne peut resister à ce qu'ils ont voulu,
Vn subiect est esclaue, & le Prince absolu.
C'est tout dire, Theombre, & tu peux reconnoistre
Qu'en souffrant mon exil, i'obeïs à mon Maistre;
Mais dans l'excez de honte où ie me voy plongé,
Ie suis aussi constant que ie suis affligé.

THEOMBRE.

Ta constance en ce cas triomphe de l'enuie.

HERMODANTE.

Ayant perdu l'honneur, ie dois perdre la vie.

THEOMBRE.

Le Soleil chaque iour nous conduit à la mort.

HERMODANTE.

Son secours est trop lent, & ce bras va plus fort.

THEOMBRE.

Pour ta gloire & ton bien resout toy de m'entendre.

C

HERMODANTE.

Dieux! que me peut-il dire, & que pourray-ie apprendre.

THEOMBRE.

Tu sçay que la fortune a cela de constant,
Qu'elle caresse l'homme, & le trompe à l'instant,
Et par cette raison si pleine de iustice,
Quoy que tu sois tombé du faiste au precipice;
Tu dois aimer ta vie, & sans te croire à bas,
Renouueller ta gloire au milieu des combats.
Croy moy, cher Hermodante, arriue dans l'armée,
Fais encor vne fois parler la Renommée,
Puisque tu veux mourir, illustre ton trépas,
Et preste à tes amis ta prudence & ton bras.

HERMODANTE.

Voyons, puisque tu veux, le Generalissime,
Là ie luy feray voir mon amour & mon crime.

THEOMBRE.

(Le General paroist dans sa Tente.) *Il entre dans sa Tente, approchons,*

HERMODANTE.

Ie te suy.

TRAGI-COMEDIE.

SCENE
CINQVIESME.

Dans la Tente du General,

ASTRAMOND, ORONTE, CLEON, THEOMBRE, HERMODANTE, BERONTE, Les Gardes du General.

ASTRAMOND parlant à Cleon.

QVE l'on mande Theombre,

CLEON.

Hermodante auec luy.

ASTRAMOND.

Que dy tu qui le suit, & quel dessein l'ameine ?

L'INNOCENT EXILÉ,

CLEON.

Ie l'ignore, Seigneur, mais il semble estre en peine.

THEOMBRE à Hermodante.

Paroissons,

CLEON les apperceuant.

Les voicy:

ASTRAMOND à Hermodante.

Qui t'ameine en ces lieux?

HERMODANTE.

Mon exil, ou plustost, la volonté des Dieux.

ASTRAMOND.

Ton exil,

HERMODANTE.

Ouy, grand Prince, on m'a fait cét outrage,
Et ie l'ay pû souffrir sans manquer de courage.

ASTRAMOND.

Parle plus clairement, & sans nous rien cacher,
Dy quel est le forfait qu'on t'a pû reprocher.

HERMODANTE.

Mon crime est la vertu, la gloire en est complice,
Et pour auoir vaincu, l'exil est mon supplice.

TRAGI-COMEDIE.

Tout rioit à mes vœux, maintenant tout me nuit,
Le mal-heur me pourchasse, & la grandeur me fuit;
Apres dix ans de gloire, un seul instant m'atterre,
Et i'ay donné la paix à qui me fait la guerre;
Ceux qui me recherchoient ne me regardent pas;
Et ie suis dédaigné de qui baisa mes pas;
Ses amis qui suiuoient ma fortune esclatante,
Sans penser qu'elle estoit moins ferme qu'inconstante;
On cesse de parestre, & deuenus ingrats,
Sans m'offrir du secours, ils m'ont vû mettre à bas.
Ouy, leur ingratitude est à ce point montée,
Qu'ils n'ont pas seulement ma perte regrettée.
Souffrez que ie finisse, & permettez, Seigneur,
Qu'en taisant mes exploits i'en reserue l'honneur.
Ce bras porta la guerre à l'vn des bouts du Monde,
Et fut victorieux sur la Terre & sur l'Onde;
Tout chargé de Lauriers ie reuins à la Cour,
Que le Roy m'ordonna de quitter dans vn iour.

ASTRAMOND.

Sur l'exemple d'autruy nous deuons nous resoudre,
Les fauoris des Rois sont subiects à ce foudre;
Dans leur grande faueur ils n'ont rien de certain,
Leur soir est bien souuent dissemblable au matin,
La fortune leur rit, & puis apres s'en iouë,
Les place dans vn Thrône, & verse dans la bouë;
Et tel s'est vû souuent de son Prince chery,
Dont en vn seul instant le bon-heur a pery,

HERMODANTE.

Le temps ameine tout, & le rauit de mesme,
Ma fortune fut grande, & ma perte est extréme ;
Mon absence a permis ce que i'eus deffendu,
Mon courage me nuit, & le Roy m'a perdu ;
Sa faueur m'esleuoit, son courroux me renuerse ;
Mais, Seigneur, la fortune est ma moindre trauerse ;
Et au vouloir du Roy i'obeïs sans regret,
Et si i'ay resisté ce ne fut qu'en secret.
Amour a seul causé la peine que i'endure,
Plus mon cœur y resiste, & plus ie la sens dure ;
L'inconstante Arthenice a trahy mon amour ?
Combien qu'elle me doiue, & l'honneur & le iour ?

ASTRAMOND.

Resiste à cét amour qui t'abat, & t'opresse,
Et que la gloire en fin soit ta seule maistresse.

HERMODANTE.

Que puis-ie contre vn Prince à qui tout est permis,
Et qui pour me conuaincre a pris mes ennemis.

ASTRAMOND.

La guerre en ce païs est si fort allumée,
Que tous ses habitans ne font qu'vn corps d'armée ;

TRAGI-COMEDIE.

Là tu dois signaler ton courage, & ta foy,
Et malgré ton exil seruir encor ton Roy;
Le Ciel ne t'a conduit dedans cette Prouince,
Qu'à dessein d'obliger ton païs, & ton Prince;
Fait voir ton innocence, & qu'on sçache en tous lieux,
Que la Perse te doit plus qu'à ses demy-Dieux.

HERMODANTE.

Sçachez que mes respects, & mon obeïssance,
Doiuent seuls à mon Roy prouuer mon innocence;
Sans son authorité qu'oserois-ie tenter,
Et restant sans honneur que puis-ie executer?

ASTRAMOND.

Tout, pourueu que ton cœur à mon desir responde,
Et qu'il soit ce qu'il fut sur la Terre & sur l'Onde.

HERMODANTE.

Ce cœur victorieux est plus mort que viuant,
Et ne se repaist plus d'esperance & de vent;
Il suit ce que son Prince ordonne de sa vie,
Et ie mourray contant en mourant sans enuie;
Vn fidelle subiect obeït, & se taist,
Ie ne murmure point, & mon exil me plaist.

ASTRAMOND.

Aussi te laisse-t'il tousiours libre à toy mesme,

Le Prince en t'exilant a sauué ce qu'il aime,
Ne t'ayant ordonné que de quitter la Cour,
Il t'a laissé l'honneur aussi bien que le iour,
Et l'estroitte amitié qui dés long temps assemble
Nos communs interests, & nous vnit ensemble,
M'oblige à remonstrer à ce puissant Estat,
Qu'vn crime imaginaire a pû le rendre ingrat;
Ie le dois entreprendre au peril de ma vie,
Soit que le Roy condamne vne si noble enuie,
Ou qu'il approuue en fin ma generosité,
Ie veux que l'on en parle à la posterité.

HERMODANTE.

Ne vous opposez point au cours de la Iustice,
Il suffit qu'en ma perte vn seul souffre & perisse;
Les Rois nos Souuerains veulent estre obeïs.

ASTRAMOND.

Les Rois faute de voir sont bien souuent trahis,
Vn lasche Courtizan, ennemy de la gloire;
Surprenant leurs esprits leur en fait bien acroire.

HERMODANTE.

On ne les peut surprendre, & semblables aux Dieux,
Sans sortir de leur Trosne, ils ont par tout les yeux;
La Iustice à leur dextre, est celle qui les guide,
Tousiours à leurs Arrests cette aueugle preside;

Nostre

TRAGI-COMEDIE.

Noſtre ſort dépend d'eux, quel que ſoit noſtre rang,
Qui releue d'vn Prince, il luy doit tout ſon ſang.

ASTRAMOND.

Cette raiſon derniere eſt la plus veritable,
Ie l'approuue, Hermodante, elle eſt belle, equitable,
Et ie m'en veux ſeruir pour monſtrer auiourd'huy,
Que l'Eſtat en ton bras ſe conſerue vn appuy;
I'emploiray tout pour toy, ioints ton courage au noſtre

HERMODANTE.

Prince, ma volonté ſuiura touſiours la voſtre,
Et quoy que ie n'eſpere en ce lieu que la mort;
Ie ſuis preſt d'obeïr, diſpoſez de mon ſort.

ASTRAMOND.

Le prix qu'on me promet à la fin de la guerre,
Qui me doit rendre vn iour le plus grand de la Terre;
Cét illuſtre Beauté, ce Chef-d'œuure animé,
Par qui ie fus ſurpris auſſi toſt que charmé;
Cette ieune Amazone en vertus ſi fœconde,
De qui les grands exploits ont vaincu tout vn monde,
Noſtre diuine Infante à qui ſeule ie dois
Les reſpects que l'on rend, ſoit aux Dieux, ſoit aux Rois,
En ta faueur priée auprés du Roy ſon pere,

D

Obtiendra ton pardon ainsi que ie l'espere ;
N'apprehende plus rien, ne me replique plus,
Nous perdons trop de temps en discours superflus.

Il parle aux Chefs. O vous dont on ne peut esbranler les courages,
Qui riez des dangers, & vangez les outrages;
C'est trop long temps laisser ces traistres en repos,
Il les faut attaquer, ie le treuue à propos;
I'ay honte de tenir cette place inuestie,
Et que le plus souuent nous quittions la partie ;
Que l'ennemy triomphe à nos yeux chaque iour,
Et qu'à chaque sortie il fasse vn beau retour.
Mes amis, que le Roy trouue à son arriuée,
Nostre mort glorieuse, ou la guerre acheuée;
Faisons mentir l'enuie, & pour monstrer nos soins
Rendons de nos exploits tous les Astres tesmoins ;
Que cette nuit sans bruit chacun de nous s'appreste
A s'immortaliser aux despens de sa teste,
Ou plustost à l'abry des Lauriers de ce Mars,
Il monstre Hermodansc. Forçons nostre ennemy de quitter ses remparts;
Abattons son orgueil, eschelons ses murailles,
Et que Seïras soit seule vn lieu de funerailles;
Que tout passe en vn mot par la flame & le fer,
Et que rien ne resiste à qui doit triompher.

THEOMBRE au General.

Seigneur, nous acceptons vn si grand Capitaine,
Combattant auec luy, la victoire est certaine;

TRAGI-COMEDIE.

Assuré de nos cœurs, & nous de sa valeur,
Quoy que nos ennemis esperent de la leur;
Seïras doit à ce coup reconnoistre son Prince,
Et remettre en ses mains cette ingrate Prouince;
Elle a trop subsisté dans sa rebellion,
Et veut deuoir sa perte à ce braue Lyon.

HERMODANTE.

Ie vous imiteray de cœur & de courage,
Ce m'est trop qu'entre nous la gloire se partage,
Et qu'vn homme exilé d'aupres du sang des Dieux,
Puisse encore paroistre en vn champ glorieux.

ASTRAMOND.

Si la Vertu bannie est tousiours elle mesme,
Quoy qu'on t'aye exilé, ton bon-heur est extréme;
Que chacun de ce pas prepare ce qu'il faut,
Et dispose ses gens à ce dernier assaut.

Fin du premier Acte.

ACTE II.

SCENE PREMIERE.

Dans l'vne des Chambres du Palais,

AMINTAS, ARTHENICE, &
DORIS en habits de femmes
Esclaues.

ARTHENICE.

TV perds en me parlant, & ton temps & ta
  peine,
Ie cheris ma disgrace, & ton attente est
  vaine;
Ie ne sçaurois respondre à tes soins amoureux,
C'est ce que tu sçauras de mon sort rigoureux.

AMINTAS.

Quelque forte raison t'oblige à me le taire.

ARTHENICE.

Il t'est indifferend d'apprendre ce mystere;
Ie prefere à tes vœux ta haine & mon cercueil.

AMINTAS.

C'est trop, c'est trop long temps souffrir de son orgueil;
Faut-il que cette ingratte impunément me braue,
Ne te souuiens-t'il plus que tu n'es qu'vn Esclaue;
Ignores-tu qu'vn cœur qui se voit méprisé,
Ne treuue à sa vangeance vn moyen bien aisé;
Rend toy plus exorable, exauce ma priere,
Ou resout toy de perdre auiourd'huy la lumiere.

ARTHENICE.

Ne croy pas que la mort ait assez de pouuoir,
Pour me faire trahir l'honneur & mon deuoir;
Laisse agir cette main que tu tiens enchaisnée,
Ouy, cruel, laisse moy finir ma destinée;
Pendant que l'on abat tes gens & tes remparts,
Et que le sang des tiens coule de toutes parts,
Tu poursuis vne femme, & souffre qu'elle die,
Qu'Amintas a tousiours suiuy la perfidie;
Qu'vn vainqueur ennemy sans estre combattu,
A triomphé d'vn homme ingrat & sans vertu;
Mais, que dis-ie, d'vn homme: ah! ie me suis trompée,
Va prendre la quenoüille, & quittes ton espée;

D iij

Inutile en tes mains, donnes, donnes la moy,
Permets que ie m'en serue à ma gloire, & pour toy,
Et qu'elle m'affranchisse en ce besoin extréme,
D'vn ennemy mortel, d'vn lasche, de toy mesme;
Qui sans mourir de honte abandonnes les tiens,
Et les laisse priuer, & de vie & de biens;
Qui souffre que l'on force, & la mere & la fille,
Qu'vn Temple prophané ne soit plus vn azile;
Que le pere, & le fils d'vn mesme fer percez,
Seruent sans les vanger à remplir tes fossez,
Et que le feu reduise en vn monceau de cendre,
Tant de riches Palais que tu n'ozes deffendre;
Mais la gloire a pour toy de trop foibles appas,
Et ie cherche en ton sein vn cœur que tu n'a pas;
Ces tiltres absolus, & de Prince, & de Maistre,
Quand tu les as trahis ont cessé de parestre;
On ne remarque plus ta race ny ton rang
Depuis qu'vn lasche amour espargne vn lasche sang;
Ton ardeur incensée est celle qui t'atterre,
Et le Ciel te declare vne mortelle guerre;
Il s'arme contre toy, renuerse tes projects,
Et par ta lascheté tu perds tous tes subiects;
Tu souffres qu'vn Vainqueur te surprenne & te dompte,
Et tu n'en rougis pas ny de sang ny de honte,
Reconnois ton merite en ce riche tableau,
Et pour l'auoir tracé, fais moy voir mon tombeau.

TRAGI-COMEDIE.

AMINTAS.

Ah ! c'est trop endurer de cette ame de roche,
Esclaue,

ARTHENICE.

Adiouste encor à ce cruel reproche,
Le tiltre d'insensible, icy tout t'est permis.

AMINTAS.

Tu t'en repentiras.

SCENE
DEVXIESME.

I. Soldat.

Eigneur, les ennemis
Ont surpris & gagné le haut de nos murailles,
Et la pluspart du peuple y fait ses funerailles.

AMINTAS.

O funeste nouuelle ! ô disgrace du sort !

Mon ennemy triomphe, & ie ne suis pas mort;
Ie menace, & ie crains cette belle inhumaine,
A mon extréme amour elle oppose sa haine ;
Ie trahis ma pensée, & l'Amour me dément,
Quoy que i'aye aduancé ie suis tousiours Amant.

ARTHENICE.

Ne delibere point, execute ta rage,
Pour vn si beau dessein manque tu de courage?
Hé quoy! qui te retient quand tu peux triompher,
Pour me perdre, Amintas, te faut-il plus d'vn fer;
Si de tant d'ennemis seule ie reste à craindre,
Sois contant par ma mort, & cesse de te plaindre;
Satisfaits ta colere, & mon sang respandu,
Vange toy de ce cœur.

SCENE

TRAGI-COMEDIE.

SCENE TROISIESME.

GERONTE.

Eigneur, tout est perdu,
Le Perse est dans la ville, où plus craint qu'vn Tonnerre,
Du sang des plus hardis il arrouse la terre,
Et Seïras n'est qu'vn champ de carnage & d'horreur,
Où l'on voit triompher Bellonne & la fureur ;
Chaque Perse attaché contre son aduersaire,
Commet en l'atterrant vn crime necessaire;
Celuy qui les conduit ne leue point le bras,
Qu'il ne donne à nos gens la fuitte ou le trespas;
Reseruez quelques vns, qui lasches sans courage,
Reclament la mercy du bras qui les outrage;
Ceux-là sont du vainqueur receus & caressez,
Ie les auois suiuis, mais ie les ay laissez.

E

L'INNOCENT EXILÉ,

AMINTAS.

Quoy donc, on me trahit,

GERONTE.

Ouy, mon Prince, on vous quitte,
Et l'on fuit le bon-heur, & non pas le merite.

AMINTAS.

Mourons, & finissons nos secrettes douleurs,
Versons, versons du sang pour de si grands mal-heurs.
Si tout ce qui nous reste est de perdre la vie,
Que l'ennemy la pleure apres l'avoir ravie ;
Allons teste baissée à tant de braues gens,
S'ils nous ont assiegez, deuenons assiegeans.

Il parle à Arthemice.
Beaux yeux à qui ie rends, le courage & les armes,
Au moins apres ma mort respandez quelques larmes ;
Ie seray satisfait si l'on me dit là bas,
Elle n'a pû t'aimer, & pleure ton trespas.
Le Ciel te soit propice, Adieu, ie t'abandonne,
I'obeïs au Destin qui le veut, & l'ordonne ;
Ie ne te puis sauuer, cherche en toy ton support,
Et contre vn ennemy triomphe apres ma mort.

TRAGI-COMEDIE.

SCENE QVATRIESME.

ARTHENICE, DORIS.

ARTHENICE.

Sa generosité reveille icy la mienne,
Si ma mort ne precede, elle suiura la sienne;
Dans le desordre extréme où mes iours sont
　　reduits,
Vn tel souhait est iuste, & c'est ce que ie puis.

DORIS.

Madame, esperez mieux,

ARTHENICE.

　　　　　　　　　　Apprens que l'esperance
Est vn crime où l'on voit quelle est sans apparence.

DORIS.

Toute chose a son ordre aussi bien que son temps,

Et le Ciel peut encor rendre vos vœux contans.
Les Persans sont conduits d'un Chef trop magnanime,
Pour commettre enuers vous ny lascheté ny crime.
Ne craignez point, Madame, un si noble vainqueur,
Deux yeux bagnez de pleurs peuuent tout sur un cœur;
La beauté qui supplie est tousiours escoutée,
Et sa priere en fin n'est iamais reiettée;
On l'a vû triompher des Dieux, & des mortels,
Autant qu'ils ont de cœurs, autant elle a d'Autels.

ARTHENICE.

Ma beauté negligée, est & sera sans force.

DORIS.

Les souspirs d'une Belle ont une douce amorce;
Mais ce grand bruit confus me fait connoistre assez,
Que les gens d'Amintas sont deffaits ou pressez.
Il n'en faut plus douter le tumulte redouble,
On entend des Trompettes, & Hermodante paroist. Que voy-ie ? & quel obiect se presente & me trouble.
Ah! Madame, Hermodante est le victorieux,
Ma crainte se dissipe, & i'en rend grace aux Dieux.

ARTHENICE.

Passons dans l'anti-chambre, éuitons sa rencontre,
Il n'est pas encore temps qu'à ses yeux ie me monstre;
Tous mes sens à present sont en confusion,
Elles sortent. Et mon amour doit prendre une autre occasion.

TRAGI-COMEDIE.

SCENE CINQVIESME.

HERMODANTE, BERONTE, THEOMBRE, ORONTE, CLARIMAND, Soldats Persans armez.

HERMODANTE.

*Mintas est défait, & sa teste couppée,*
En expiant, son crime illustre mon espée;
Il est vray que les siens ont assez combat-
   tu,
Mais le vice succombe, & cede à la vertu;
Cette ville importante au bien de nostre Empire,
Est maintenant au point qu'Hermogene desire;
Et ces lasches mutins revoltez contre nous,
Se tiennent trop heureux d'embrasser nos genoux.

ORONTE.

Ce peuple à qui tu fais tant de bien & de grace,
S'humilie, & benit la main qui le terrace.

HERMODANTE.

Sous un masque amoureux, il cache bien souuent
Ce qui perd un vainqueur, & le va deceuant;
Ioignons à la douceur l'authorité seuere,
Et faisons qu'il nous craigne autant qu'il nous reuere;
Par une amitié feinte il croit nous esbloüir,
Et nous rauir un bien dont nous deuons ioüir.
Forçons, forçons cét hydre à souffrir & se taire,
C'est à luy d'obeïr, c'est à luy de nous plaire,
Et ce n'est pas assez qu'il ait esté vaincu,
S'il ne vit desormais mieux qu'il n'a pas vescu;
Qu'il treuue son bon-heur dans son obeïssance,
Et n'espere plus rien de sa vaine puissance.

THEOMBRE.

Archenice &, Doris se taisent.
Son bras est desarmé, nostre Empire affermy,
Nous ne deuons plus craindre un si foible ennemy.

TRAGI-COMEDIE.

SCENE SIXIESME.

ARTHENICE, DORIS.

DORIS.

PAroissons, il est temps,

ARTHENICE.

Amour, sert moy de guide,
Et cesse en ce moment d'estre mon homicide.

HERMODANTE la reconnoissant.

Quel Astre m'esbloüit, dois-ie croire à mes yeux ?
Ingratte, quel destin t'a conduy dans ces lieux ?
Qui t'a donné ces fers, qui te puny pariure.

ARTHENICE.

Cesse de m'outrager, ne me fait point d'iniure,

L'INNOCENT EXILE,

Et si tu me permets de parler vn moment,
Tu plaindras auec moy ce rude traittement.

HERMODANTE.

Que me pourras tu dire, inconstante, infidelle?
Qui te puisse excuser,

DORIS.

Amour vous respond d'elle.

HERMODANTE.

Qu'vne femme est adroitte à bien dissimuler.

ARTHENICE.

Souffre que ie m'esloigne, ou me laisse parler.

HERMODANTE.

Parlez, Madame,

ARTHENICE.

Helas!

HERMODANTE.

Que ce souspir me touche,
Ie sens ouurir mon cœur quand elle ouure la bouche.

BERONTE.

TRAGI-COMEDIE.

BERONTE.

Bons Dieux! qu'elle a de peine à feindre & souspirer.

ARTHENICE.

Puis-ie dire ma faute, & ne pas expirer.

HERMODANTE.

Confessez vostre crime,

ARTHENICE.

Ouy, ie suis criminelle?
Et ma gloire offensée a seule agy contr'elle;
Pour sauuer mon honneur, i'ay mon honneur trahy,
I'ay souffert vne iniure, & n'ay pas obey;
Contre mon propre sang ie me suis rebellée,
Et ie n'ay pû souffrir vne foy violée:
Pour te suiure en vn mot i'ay tout abandonné,
Mon amour est captif, & non pas couronné;
I'opposay ma constance aux rigueurs d'vne mere,
Mon dépit fut extréme, & ma douleur amere;
I'outrageay la Nature, & perdis à la fois
Dans vn transport si prompt la raison & la voix;
Tous mes sens mutinez perdirent leur vsage,
La mort à mesme temps parut sur mon visage;
Mais le Ciel qui vouloit me faire encor souffrir,
En trompant mon espoir ne fit que me l'offrir.

F

J'ay franchy cent perils pour acquerir ces chaisnes,
Trop indigne loyer, lasche prix de mes peines;
Que ie supporterois si mon cœur enflamé,
Eust recouuert en toy ce qu'il a tant aimé.

CLARIMANT à part.

O vertu sans pareille!

ORONTE.

O constance admirable!

DORIS.

Et cependant, Seigneur, il est inexorable.

ORONTE.

Il aime ta Maistresse,

HERMODANTE.

Il est donc vray mon cœur,
Que l'Amour auiourd'huy me rend deux fois vainqueur.
Cét enfant glorieux que ie porte dans l'ame,
Qui te remplit de feu, qui me rend tout de flame,
Te peut prouuer encor par mon cœur enflamé,
Qu'Hermodante t'adore autant qu'il est aimé.

TRAGI-COMEDIE.

ARTHENICE.

Mon ame,

HERMODANTE.

Mon soucy, ne répand plus de larmes,
Reprend la liberté que ie rends à tes charmes.
Ie ne te puis souffrir plus long temps dans les fers,
Allez, indigne obiect, seruir dans les Enfers.
Mais que me veut Cleon.

Il luy oste ses fers.

SCENE SEPTIESME.

CLEON.

 E General vous mande
Que sa Maiesté vient:

HERMODANTE.

Dieux! que ma peine est grande.

CLEON.

Et nostre illustre Infante est aussi dans ces lieux,
Dans le Temple prochain ils rendent grace aux Dieux,
Ils sont entrez au Camp lors qu'on a pris la ville.

ORONTE.

Il paroist interdit,

THEOMBRE.

Ta crainte est inutile.

HERMODANTE.

Allons, mes chers amis, saluër ce grand Roy.

CLEON.

Attendez-le en ce lieu,

HERMODANTE.

Qui le veut, hé! pourquoy?

CLEON.

Le Prince ainsi l'ordonne,

ARTHENICE.

Attendons Hermodante.

HERMODANTE.

I'apprehende pour toy, sois fidelle & constante.

ARTHENICE.

Asseuré de ma foy, dy, qu'apprehende tu.

HERMODANTE.

Que la force d'vn Roy n'attente à ta vertu.

ARTHENICE.

Sa generosité m'assure du contraire.

HERMODANTE.

On doit craindre tousiours vn puissant aduersaire;
Te connoistre, & te voir sans aimer tes appas,
Seroit vne vertu que les Dieux n'auroient pas;
Mais ce Monarque approche, & moy ie me recule.

On entend les Trompettes, & le Roy paroist.

THEOMBRE.

Conserue toy tousiours vn courage d'Hercule.

ARTHENICE.

Il paroist en colere, & ie crains à mon tour.

F iij

L'INNOCENT EXILÉ,
HERMODANTE.
Sert toy de ta constance, & moy de mon amour.

SCENE HVICTIESME.

LE ROY, L'INFANTE,
ASTRAMOND, AMINTE,
ARISTOBANNE, les Gardes.

LE ROY en entrant.

Voy, ce traistre oze encor se monstrer à ma veuë?
Son ame est à ce point de raison dépourueuë;
Ne te souuient-il plus d'auoir esté banny,
Se rend-t'il insolent pour n'estre assez puny,
Voyez qu'il est constant, & comme il se tient ferme?

TRAGI-COMEDIE.

Traiſtre, apprend que tes iours ſont à leur dernier ter-
me?
Tu m'as deſobeï, mais ie te puniray.

HERMODANTE.

Ordonnez de mon ſort, & ie le ſouffriray.

ARTHENICE.

Sire, il eſt innocent, ie ſuis la criminelle?
Que ie ſouffre pour luy,

HERMODANTE.

Que i'endure pour elle?
Pour elle, eſt-ce vn forfait que m'aimer conſtamment,
Non, conſeruez l'Amante, & puniſſez l'Amant?
Mon exil à ma gloire eſt vne foible tache,
Il ne m'importe pas que par tout on le ſçache;
Quiconque a bien ſçû viure a droit de ſe vanter,
Que tout eſt impuiſſant à le perſecuter.
I'ay chery ma Patrie, & reſpecté mon Prince.
Si ie les ay ſeruis contre cette Prouince,
On ne m'en peut blaſmer, & qui ſouſtient l'Eſtat
Commet vn acte illuſtre, & non vn attentat.

ASTRAMOND.

Sire, noſtre victoire, & ſi iuſte & ſi haute,
Quand il auroit failly peut effacer ſa faute;
Par le tiltre de Roy, par ſes ſacrez genoux,

Le Roy ne l'eſ-coute point, il a touſjours les yeux ſur Arthenice.

Par le sang qu'en ces lieux i'ay respandu pour vous;
Par ce que ie vous suis, par ce que ie puis estre,
Et par cette vertu que vous faites paroistre;
Accordez moy sa grace, ou souffrez qu'à vos yeux,
Vn mesme Arrest me tuë, & porte dans les Cieux;
Mais ma priere est vaine, & ce Prince indomptable,

HERMODANTE.

N'est pas moins absolu que iuste & redoutable;
Il a iuré ma perte, & ie la dois souffrir.

ASTRAMOND.

Il faudra qu'auec toy l'on me fasse mourir.

LE ROY à part.

Dieux! quel nouueau brazier dedans mon sein s'al-
    lume;
Et d'où vient que desia cette ardeur me consume.
O Beauté! que tes traits ont sur moy de pouuoir.
Hé! que ne suis-ie encor à t'aimer ou te voir.

ASTRAMOND à l'Infante.

Reine de mes desirs, seul espoir de mon ame,
Rare & diuin obiect qui m'anime & m'enflame;
Que le sang, par le sang soit icy combattu,
Et seule triomphez d'vne austere vertu.

L'INFAN-

TRAGI-COMEDIE.

L'INFANTE.

Vous pouuez plus que moy, toutefois pour vous plaire,
I'essayeray, mais en vain, de calmer sa colere.

LE ROY à Arthenice.

Bannis cette tristesse, & rends à tes beaux yeux
Ce qui les fait aimer des hommes & des Dieux.
Ie plains ton infortune, & prend part à ta peine;
Mais tu seras seruie, & respectée en Reine;
Feniée, ayez-en soin, & la traittez en sœur,
Que malgré son ennuy ses yeux ont de douceur.
Toy par qui ie suis craint sur la Terre & sur l'Onde,
Et qui porte ma gloire aux quatre coins du monde,
Pour te bien reconnoistre, il te faut des Autels,
Puisque ton bras te place au rang des immortels. Il parle
Et qu'apres auoir fait plus que ne peut vn homme, au Ge-
Tu surpasse tous ceux qui regnerent à Rome; neral.
Cesar, & Scypion acquirent moins que toy,
Ce qu'ils firent pour eux, tu l'as fait pour ton Roy.
Le Trosne où ie me vois, me parle de ta vie,
Et tes moindres exploits me donnent de l'enuie;
Vn Empire est trop peu pour te recompenser,
Aussi, braue Astramond, tu m'en dois dispenser:

G

Toutefois si l'amour se paye par luy mesme,
Si tu cheris ton Prince, apprens aussi qu'il t'aime;
Que ton cœur genereux reçoiue vne amitié,
Qui partage entre nous vn Sceptre par moitié;
Que cette recompense inegale à ta gloire,
Marque mon impuissance, & pare ta victoire.

ASTRAMOND.

Sire, quoy que ce bras ait fait pour vostre Estat,
Ne vous en souuenez que pour me rendre ingrat :
Mon deuoir m'obligeoit à faire plus encore,
Pour vous seruir, grand Prince, & celle que i'adore.
Aduoüé par l'Infante, & charmé par ses yeux,
Sire, i'aurois pû vaincre, & l'Enfer & les Cieux?
Qui pourroit resister à de si puissans charmes, *Il monstre l'Infante.*
Quand ce bras vous seruoit, vous seule estiez mes armes.
Il n'est point d'ennemis que ie n'eusse battu,
Opposant à leurs coups la Reine des Vertus;
Leurs traits ont respecté vostre diuine image,
Et seule elle a plus fait que n'a fait mon courage;
Contre nos ennemis elle estoit mon escu,
Et par elle, & pour vous cette main a vaincu.
C'est-elle à qui l'on doit le prix de la victoire,
C'est-elle à qui ie dois, & ma vie & ma gloire ;
Mais l'honneur qu'on me fait doit estre partagé,
Et ie cede ce prix à qui vous a vangé ;

TRAGI-COMEDIE.

LE ROY.

Ie sçay qu'à ton amy tu veux laisser la gloire,
D'auoir auecque toy partagé la victoire.

HERMODANTE.

Ie ne l'ay que suiuy, luy seul a triomphé,
Sous le faix des Lauriers il a presque estouffé? *Il monstre les blessures que le General a receuës à l'assaut.*
Le sang qu'il a versé, celuy qu'il verse encore,
Veut qu'il en ait le prix, & que seul on l'honore?

LE ROY au General.

Cette belle dispute aisée à terminer,
Me parle en sa faueur, & te doit couronner;
Ne t'en mets plus en peine, ouy, ie luy feray grace?
Pourueu qu'il obeïsse, & qu'il me satisfasse.

L'INFANTE.

Sire, ie ioints encor ma priere à la leur,
Conseruez à l'Estat sa vie & sa valeur.

LE ROY à part.

Amour, tyran des cœurs, faut-il qu'vn Roy souspire,
Ne m'importunez plus, que chacun se retire?

G ij

L'INNOCENT EXILÉ,

Il parle à Aristobanne.
Qu'Hermodante demeure, assemble tes soldats,
Fais ce que ie commande, & ne t'esloigne pas.

ARISTOBANNE.

Sire, vous connoistrez, & mon cœur & leur zele.

LE ROY.

Aristobanne soit.
Ie sçay recompenser celuy qui m'est fidelle,
Et punir qui m'offence;

HERMODANTE.

En fin ie suis perdu,
Et ie seray puny pour l'auoir deffendu.

TRAGI-COMEDIE. 53

SCENE NEVFIESME.

Le ROY, HERMODANTE, ARISTOBANNE.

Le ROY.

Pproche, & me respond, quelle aduanture estrange?
Il est presque interdit, le visage luy change.

HERMODANTE à part.

Que luy dois-ie respondre, Amour, apprens-le moy?

Le ROY.

Fais tu si peu d'estat des volontez d'vn Roy?
Seras tu sans respect lors que ie te commande?
Et n'as tu point de voix lors que ie t'en demande?

Crains tu de m'offencer: ô Dieux! en se taisant,
Il rend ma peine extréme, & mon mal plus cuisant.

HERMODANTE.

Helas!

Le ROY.

Par ce souspir ma crainte est aueree;
Mais si ma volonté doit estre reuerée,
Il faut que son amour cede à mon feu naissant,
Vn subiect est sans force, & le Prince est puissant;
Ma colere agira si son cœur est rebelle,
Leue les yeux, responds, tu cheris cette Belle;
Mais la veux tu debattre à celuy que tu voy;
Ignores-tu combien tu differes d'vn Roy.

HERMODANTE.

Sire, ie le confesse, elle a ma foy receuë.

Le ROY.

Soupçons trop bien fondez, verité qui me tuë.

HERMODANTE.

Ah, Sire, escoutez moy!

Le ROY.

Cœur laschement donné.
O Beauté triomphanté! ô Prince infortuné!

TRAGI-COMEDIE.

Peut-estre que l'ingrat a desia ioüy d'elle,
Ses vœux sont exaucez, son ame est criminelle,
Et l'amour qui m'attache à ce diuin obiect,
Presente à mes desirs le reste d'vn sujet.

HERMODANTE.

Sire, c'est soupçonner à tort vne innocente.

Le ROY.

Innocente,

HERMODANTE.

Ouy, grand Prince, & cette belle absente;
Quoy qu'elle ait tout pouuoir n'a rien gagné sur moy,
Que ie ne quitte & cede à l'amour de mon Roy;
Si pour vous contenter ie dois perdre la vie,
Seigneur, que par vostre ordre elle me soit rauie.
Tout le sang qui me reste est reserué pour vous;
Souffrez qu'en vous l'offrant i'embrasse vos genoux,
Et sortez de l'erreur où vous met vostre doute.

Le ROY.

Ma fureur s'allentist alors que ie t'escoute;
Mais si tost que ie pense à l'œil qui m'a charmé,
Ie doute, i'apprehende, & suis plus animé;
Mais pour me l'acquerir, sert moy contre toy mes-
    me,
Cede tes interests à ton Prince qui t'aime;

Offre luy ma Couronne, & sur tout souuiens toy
Qu'elle sera ta Reine, & que ie suis ton Roy;
Asseuré que ton Prince esleuera ta gloire
En vn si haut degré qu'on ne le pourra croire;
Mais si tu ne me serts n'attend que le trespas.

HERMODANTE.

Ie vous obeïray,

LE ROY sortant.

Va la voir de ce pas.

SCENE
DIXIESME.

HERMODANTE seul.

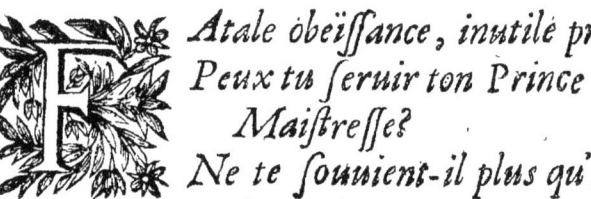

Fatale obeïssance, inutile promesse,
Peux tu seruir ton Prince, & trahir ta
    Maistresse?
Ne te souuient-il plus qu'elle a receu ta
    foy,
Et ne luy dois tu pas autant comme à ton Roy?

Ayant

TRAGI-COMEDIE.

Ayant veû son amour peux tu le mesconnoistre,
Et d'vn Amant fidelle en faire vn Amant traistre?
Ton cœur d'entre ses mains peut-il estre rauy,
Et pourras tu tromper celle qui t'a suiuy;
Le deuoir te l'ordonne, & l'Amour au contraire
Plus fort que ton respect t'empesche de le faire;
En l'vn tu perds ta gloire, en l'autre ton bon-heur;
Mais si tu suis l'Amour, il faut perdre l'honneur;
Dans cette extremité que pourray-ie resoudre,
L'vn & l'autre me presse, & menace du foudre,
Ie me voy sur les bras deux puissans ennemis,
Et ie n'oze penser à ce que i'ay promis;
L'Amour à mon deuoir fait de la resistance,
L'autre malgré l'Amour veut forcer ma constance,
Et tous deux opposez, ie porte à mesme instant
Le tiltre d'infidelle, & celuy de constant;
L'vn parle pour mon Roy, l'autre pour ma Maistres-
  se,
Quand ie suy le deuoir, mon amour s'interesse,
Et si ie suy l'Amour, aussi tost le deuoir
Reconnoissant mon foible, vse de son pouuoir.
Hé quoy, ce me dit-il, pourras tu viure, infame!
Dois tu trahir ton Roy pour l'amour d'vne femme;
Elle en veut à ta gloire, en voulant t'arrester,
Et sa beauté ne sert qu'à te persecuter;
Ie sçay que ses beaux yeux ont ton ame charmée;
Mais comme elle t'aima ne l'as tu pas aimée.

                                   H

On ne peut reprocher à ton cœur sans égal,
D'auoir contre toy mesme obligé ton Riual.
Sois fidelle à ton Prince, à ton amour perfide,
Peux tu bien t'y resoudre, ame lasche & timide.
Non, escoute l'Amour, il te dit assez haut,
Considere Arthenice, & voy ce qu'elle vaut;
Pour ne la point trahir souuiens toy qu'elle t'aime,
Et que tu dois respondre à son amour extréme;
Que le deuoir est foible où triomphe l'Amour,
Ou du moins la perdant, perds l'honneur & le iour;
Mais sauue ton honneur en y laissant ta vie,
Tu ne peux empescher qu'elle te soit rauie,
Et si tu differas vn si noble dessein,
Fais-en rougir de honte, & ce fer, & ton sein.
Porte aux pieds de ton Roy ton amour & ta gloire,
Emporte en sa presence vne belle victoire.
Monstre quel est ton cœur, fais sur toy cét effort,
Et treuue ton secours dans les bras de la mort;
Arme ta main pour toy, sers t'en contre toy mes-
   me,
Et rends ta gloire égale à ton mal-heur extréme;
Paye en vn mesme instant, & l'Amour & ton Roy,
Et prouue à tous les deux ton courage & ta foy;
Fais voir à ce Monarque, ainsi qu'à ta Patrie,
Que iamais lascheté n'a ta gloire flestrie;
Que ta Maistresse die en apprenant ton sort,
Et pour m'estre fidelle il s'est donné la mort.

TRAGI-COMEDIE.

Ouy, bel Ange, il le faut, ie vous feray fidelle,
Et le Prince apprendra quel est pour luy mon Zele;
Ie vous puis fatisfaire, & payer tour à tour,
Il aura mon respect, vous feule mon amour;
Contre cét ennemy ie ne vous puis deffendre,
Et mon cœur est forcé, d'obeïr, de fe rendre;
Ie n'oze ouurir les yeux pour le confiderer,
Et tout ce qui me reste est de vous adorer.
Dieux! comme en vn moment mon efprit s'embaraf-
 fe,
Ie voy de tous coftez ma peine & ma difgrace;
Ie dois tout à l'Amour, i'ay promis à mon Roy,
Et comme leur fubiect ils ont receu ma foy;
Tous deux également occupent ma penfée,
Mon ame à les feruir fe treuue embaraffée.
Ie ne fçay lequel fuiure, ou qui ie dois trahir,
Mon honneur toutefois me preffe d'obeïr;
Il me dit en fecret, n'es tu plus Hermodante,
Ton courage est-il mort, cede, cede vne Amante;
Quitte cefte Maistreffe à ton Roy qui la veut,
Tu la veux conferuer, mais cela ne fe peut;
Defgage ta parole en feruant ce Monarque,
De ta fidelité donne luy cefte marque;
Vifite cette Belle, & prefente à fes yeux,
Le Sceptre & les trefors d'vn Roy victorieux;
Efproune fa conftance, & modere ta peine,
Elle te peut trahir afin d'estre ta Reine.

H ij

60 L'INNOC. EX. TRAGI-COM.

La grandeur à nos yeux est un charme assez grand,
Pour rendre en ton endroit son cœur indifferend;
Mais pourquoy l'esprouuer, sa flame est sans limites,
Sois tousiours en amour ce qu'elle est en merites;
Et sans plus differer ce qu'on attend de toy,
Va treuuer Arthenice, & te perds pour ton Roy.

Fin du deuxiesme Acte.

61

ACTE III.

SCENE PREMIERE.

Dans vne salle,

L'INFANTE, ARTHENICE, AMINTE, DORIS.

ARTHENICE ayant quitté son habit d'Esclaue.

L faut pour satisfaire à vostre iuste enuie,
Que ie trace en ce lieu le tableau de ma vie;
Amathonte est la place où i'ay receu le iour,
Et là mesme où i'ay pris, & donné de l'amour;
Là ie fus esleuée, & dés mon plus bas aage,
Ie monstray mon adresse, & beaucoup de courage;

H iij

L'INNOCENT EXILÉ,

Là i'appris que mon pere apres plusieurs combats,
Auoit accrû sa gloire en souffrant le trépas.
Le siege d'Antheon fut le fameux Theatre,
Où l'on le vit mourir en cessant de combattre,
Et son corps embaumé, dans vn brancard de dueil,
Fut r'apporté chez nous pour le mettre au cercueil,
I'estois à ce qu'on dit dés ce temps là pourueuë,
De cét esclat trompeur qui donne dans la veuë ;
Ie triomphois de tous, lors qu'vn Heros vainqueur,
Sans paroistre à mes yeux s'empara de mon cœur.

L'INFANTE.

Quoy donc ! sans l'auoir veu,

ARTHENICE.

l'aime, ie fus aimée ;
Mon amour se forma dessus sa renommée,
Et la mort d'vn perfide, execrable à mes yeux,
Me fit mesme adorer ce vainqueur glorieux ;
Sa main pour me seruir contre vn traistre occupée,
Fit perdre à Zenofort sa vie & son espée ;
Et ce cruel Tyran qui me persecutoit,
Esteignit dans son sang l'amour qu'il me portoit.
Ce fut là qu'Hermodante acheua sa conqueste,
Et qu'vn Myrthe amoureux enuironna sa teste ;
Là ma mere l'embrasse, & luy donne sa foy,
Que ie mourray pour luy s'il veut viure pour moy ;

TRAGI-COMEDIE. 63

Il demeure auec nous deux iours dans Amathonte,
Puis il part pour sa gloire.

SCENE
DEVXIESME.

HERMODANTE paroissant.

Elas ! dy pour ma honte ;

L'INFANTE.

Approchez, Hermodante, on parle icy de vous,
Et vos rares exploits rendent mon cœur jaloux.

HERMODANTE.

Le sort d'vn mal-heureux, genereuse Princesse,
Suit suit beaucoup moins qu'il n'importune & blesse.
Vous me loüez, Madame, on me condamne ailleurs.

L'INFANTE.

Tu dois auoir pour toy des sentimens meilleurs;

Cette haute valeur qui n'a point de seconde,
Qui te fait redouter sur la Terre & sur l'Onde,
Et par qui tant de fois ton bras s'est signalé,
Te rends icy l'honneur que l'on t'auoit volé;
Malgré tes enuieux ta derniere victoire,
En leur donnant la mort fait reuiure ta gloire.
Tu n'as plus rien à craindre, & ta Princesse en fin,
Te promet desormais vn plus heureux destin;
Mais souffre qu'elle acheue.

ARTHENICE.

      A ce point paruenuë,
Ie n'en ay que trop dit, ma faute est reconnuë.

HERMODANTE.

Obeïs, Arthenice, & ne refuse rien,
A celle qui peut tout pour nostre commun bien.

ARTHENICE.

Il sort donc d'Amathonte, & nous ayant laissées
Sa gloire & sa fortune à la fois renuersées,
Destruirent nos plaisirs

HERMODANTE.

     Au point de mon retour,
Vous sçauez que le Roy m'exila de la Cour;
            Et qu'au

TRAGI-COMEDIE.

Et qu'au lieu du triomphe il ordonna ma honte;
En suitte ie partis pour reuoir Amathonte;
Mais, Dieux! en l'approchant mon espoir se perdit,
Dés l'abord ie demeure, immobile, interdit;
Sa mere à mon amour oppose ma disgrace,
Va t'en, ce me dit-elle, & sors de cette place;
N'attire point icy la colere du Roy,
Ie ne te sçaurois voir sans crainte, & sans effroy;
Ie ne m'informe point quel peut estre ton crime,
Ie le croy veritable, & ton ban legitime;
Et ie n'aimerois pas mon honneur ny mon sang,
Si ie souffrois qu'vn traistre en ma race eust vn rang;
N'attens pas que ma fille à tes desirs responde,
Son amour est pour toy bien moins constant que l'On-
   de,
Et desormais portée à des desseins meilleurs,
Tu peux changer comme elle, & te pouruoir ailleurs;
I'escoute, sans respondre à ceste mere ingratte,
Absente, ma colere en vn moment esclatte;
Confus, desesperé, ie parois furieux,
I'outrage qui m'approche, & tout m'est odieux;
Nul ne m'oze aborder, l'vn pleure, l'autre crie,
Et tous en general euitent ma furie:
Toutefois ses transports si prompts & violans,
Laisserent le champ libre à mes souspirs bruslans;
I'exerce ma vertu pour toy contre moy mesme,
Mon cœur prend ta deffence, & toute ingratte il t'ai-
   me,

I

L'honneur & mon amour combattirent long temps;
Mais l'Amour resta seul absolu sur mes sens.

ARTHENICE.

Ce Dieu sur mon esprit eut vn mesme aduantage,
Apres vn long combat, Amour fut mon partage,
Et sourde à la Nature ainsi qu'à mon honneur,
Ie pleure ta disgrace, & mon propre mal-heur;
Ie resous de te suiure, & ma douleur amere,
Me fait abandonner Amathonte, & ma mere.
Dessous ces vestemens nous tirons vers Calis,
Et de là nous passons iusqu'à Nicopolis.
Là nous nous embarquons, & ie confie à l'Onde,
Ce qu'apres mon Amant i'auois de cher au monde;
D'abord cét Element paroist tranquille & doux,
Et sous vn front riant nous cache son courroux,
Nous trompe, nous caresse, & sans qu'il nous mena-
　ce,
Vn instant nous rauit la ioye & la bonace.
Tout d'vn coup la mer s'enfle, aucun des matelots
N'espere de forcer la colere des flots.
Le Soleil disparoist, & parmy ses tenebres,
Nous ne voyons plus rien que des obiects funebres?
Mille coups de Tonnerre entre-meslez d'esclairs,
Font vn Ciel tout de flame, & grondent dans les airs?
Les vents nous font tenir des routes inconnuës,
Nous entrons dans l'abisme, & remontons aux nuës?

TRAGI-COMEDIE. 67

Le foudre d'vn seul coup precedé de cent feux?
Sans finir nostre sort met le nauire en deux,
Et dont vne partie à l'instant enflammée
Se perd dedans les eaux, & paroist en fumée;
Mais l'autre à qui la Terre ouurit vn nouueau port,
De cent flots combattuë, en fin nous met à bort.
Ainsi qu'en vn moment vn nuage se creue,
Nostre estomac descharge vn flus d'eau sur la gréue.
Apres nous la quittons, incertaine des lieux,
Où nous deuoient conduire, & nos pas & nos yeux;
Comme nous approchions cette ville inuestie,
Les assiegez sur nous firent vne sortie.
Vous sçauez ce qui reste,

L'INFANTE.

Ouy, ie sçay qu'Amintas
En te faisant Esclaue, adora tes appas;
La main de ce Heros dérobe à ceste lame
Le desir que i'auois de punir cét infame.
Ce genereux dessein m'a fait quitter la Cour;
Mais tu m'as deuancée en le priuant du iour;
Ce n'est pas que ma gloire en eust esté plus grande,
Son sang enuers les Dieux eust esté mon offrande;
I'eusse immolé ce traistre au salut du païs;
Si tu n'eusses puny qui nous auoit trahis.

Elle monstre vne espée que porte vn Page.

L'INNOCENT EXILÉ,

SCENE TROISIESME.

ARISTOBANNE.

Adame, on Vous attend dans la chambre
du Prince,
Où le Roy s'alloit rendre auant que ie m'en
vinsse.

L'INFANTE.

Ie dois ceste visite à ce Prince amoureux,
Deuoir à mon amour sensible & rigoureux ; *Elle dit ces vers à part.*
Ce Heros m'a surprise, & mon nouueau martyre,
Me fait rougir de honte, & mon cœur en souspire,
L'honneur contre l'amour combat si laschement,
Que le dernier l'emporte, & i'aime infiniment ;
Ie reuiendray bien tost, & ie vous laisse ensemble.

TRAGI-COMEDIE. 69

SCENE QVATRIESME.

ARTHENICE, HERMODANTE, DORIS.

ARTHENICE.

Elle fort à regret, qu'en dis-tu, que t'en semble?
Mon soucy, responds moy, tu changes de couleur;
Quelle est nostre infortune, & quelle est ta douleur?
Crains tu de me respondre, & baisse tu la veuë,
Afin de ne pas voir le poignard qui me tuë?
Leue les yeux au moins si tu ne veux parler,
Et cesse de pousser tant de souspirs en l'air.

HERMODANTE.

Ie ne sçaurois celer ce qu'il faut que l'on sçache;

Et ma voix en ce lieu vainement te le cache.
Le Roy t'aime, Arthenice, & ie luy dois ceder,
Ce glorieux Amant te doit seul posseder;
Tu ne feras qu'vn pas pour monter à son Trône,
Il soubmet à tes pieds son Sceptre & sa Couronne.
Si ton cœur peut respondre à ce naissant amour,
Qui te va couronner, & me priuer du iour.

ARTHENICE.

Est-ce pour m'esprouuer que tu me fais ce compte?
Oze tu m'offencer, voy ma gloire & ta honte;
As tu pû me trahir, & conseruer le iour?
Ie suis tousiours constante, & tu n'as plus d'amour.

HERMODANTE.

Ie dois baisser la veuë, où mon Prince la porte,
Hermogene en ton sein, il faudra que i'en sorte;
Le Prince & le subiect n'ont point d'égalité,
Ie me fais pour ta gloire vne infidelité;
Ie cede à mon Riual, & son pouuoir m'oblige
A te parler d'amour, c'est tout ce qui m'afflige.

ARTHENICE.

A me parler d'amour,

HERMODANTE.

        Ouy, tu la dois cherir.

TRAGI-COMEDIE.

ARTHENICE.

Plustost que i'y consente on me verra perir.

DORIS à part.

Est-ce ainsi qu'vn Amant conserue sa Maistresse?

ARTHENICE.

Conseiller importun, ame lasche & traistresse?
Ne persecuté plus vn cœur qui fut à toy,
Ie sçay ce que ie dois à l'amour de mon Roy;
Sa Couronne à mes yeux est vn fardeau penible,
Autant que son amour tu tentes l'impossible;
J'enferme dans mon sein vn cœur si genereux,
Qu'il ne redoute point ce Monarque amoureux;
La Perse doit deffendre, & ma gloire & ma vie,
Puis qu'elle fut pour elle à mon pere rauie.

HERMODANTE.

Ce que veulent les Rois doit estre executé.

ARTHENICE.

Ce que veulent les Rois doit estre limité.

HERMODANTE.

Qui regne a tout pouuoir, & qui peut se fait craindre.

ARTHENICE.

Le Ciel m'assistera si l'on me veut contraindre.
Quel droit a-t'il en fin qu'il puisse absolument
Contraindre une subiette à l'aimer en Amant?

HERMODANTE.

Celuy que la Couronne à tous les Rois apporte.

ARTHENICE.

Vn Roy mal conseillé bien souuent se transporte;
L'amour doit estre libre, ou quand il est forcé,
Le corps que l'on possede est un corps offencé;
Resoluë à mourir si le Prince m'approche,
Il verra dans mon sang son crime & mon reproche?
Ouy, traistre, il apprendra, par ce corps abbatu?
Qu'un cœur comme le mien n'est iamais sans vertu.

HERMODANTE.

O Dieux! qu'elle est constante, & que ie suis coul-
pable?
Mais le Roy que ie sers rend mon crime excusable.
Madame, ie vous quitte, ô Ciel! quelle rigueur,
I'entraisne un foible corps, & laisse icy le cœur.

SCENE

TRAGI-COMEDIE.

SCENE CINQVIESME.

ARTHENICE, DORIS.

ARTHENICE.

QVE ferons nous, Doris, en ce defordre extréme.

DORIS.

Quoy qu'Hermodante ait dit, apprenez qu'il vous ai-
me ;
Ce genereux Amant, en parlant pour le Roy,
A fait voir dans ses yeux son amour & sa foy.
N'auez vous point pris garde auec combien de peine,
Il vous offroit vn Sceptre, & le tiltre de Reine;
Son cœur à tout moment démentoit son discours,
Et sans son grand courage il eust finy ses iours.
Ouy, l'amere douleur dont son ame est atteinte,
A monstré son respect en estoufant sa plainte.

K

ARTHENICE.

N'excuse point ce traistre, il est trop criminel,
D'auoir ozé fausser vn serment solemnel.

DORIS.

Si vous y pensez bien, sa faute n'est pas grande,
Nous deuons obeïr quand vn Roy nous commande ;
Vn pouuoir absolu le dispense aisément,
De ce qu'il vous deuoit en qualité d'Amant ;
Vous fustes sa Maistresse, & vous serez sa Reine,
Vostre ame sur la sienne est tousiours souueraine ?
Son amour desormais en respect conuerty,
Pour vostre seule gloire a trahy son party.
Son cœur s'est despoüillé pour enrichir vn autre ;
Mais tel qu'il soit enfin, il est, & sera vôtre ;
Hermodante fidelle, aime & respectera
La Beauté qu'il adore, & vous obeïra.

ARTHENICE.

Cesse de soustenir le party d'vn perfide,
La raison

DORIS.

Ne peut rien où la force preside.

ARTHENICE.

Qui ne resiste pas est aisément battu,

TRAGI-COMEDIE.

Ou qui cede par crainte a trop peu de vertu;
Sçache que l'ennemy que mon cœur doit combattre,
Me persecutera sans qu'il me puisse abbatre;
Tout Monarque qu'il est, ma main le preuiendra,
Et de ceste action chacun se souuiendra.

DORIS.

Pour ne vous perdre pas, soyez tousiours prudente,
L'Infante vient icy.

SCENE SIXIESME.

L'INFANTE, AMINTE.

L'INFANTE.

V'as tu fait d'Hermodante,
Tu ne me responds rien, & l'Amour en secret,
Arrache de ton cœur ce mouuement discret.

Il souspire,

ARTHENICE.

Il est vray, ie ne m'en puis deffendre,
Et i'apprehende vn coup que l'on veut entreprendre.

L'INFANTE.

Retire mon esprit du doute où tu le mets,
Ie te puis proteger, & ie te le promets.

ARTHENICE.

Dans le funeste estat où le destin m'engage,
Ie pourrois tout souffrir si i'estois sans courage;
Mais le sang d'où ie sors me donne assez de cœur,
Pour immoler ma vie, & sauuer mon honneur.

L'INFANTE.

Qui te peut obliger à ce sanglant office.

ARTHENICE.

Mon bras doit à ma gloire vn si beau sacrifice.

L'INFANTE.

Quoy! te rendre homicide, & t'armer contre toy?

ARTHENICE.

Ie satisferay morte, & l'Amour & le Roy.

TRAGI-COMEDIE.

L'INFANTE.

Et le Roy,

ARTHENICE.

Ouy, Princesse, on m'offre vn Diadesme,
Pourueu que ie responde à ce Prince qui m'aime;
Hermodante me presse, & procure pour luy,
Et i'y dois consentir ou mourir auiourd'huy.

L'INFANTE.

Ie veux en ta faueur toucher l'esprit d'vn pere,
Ne le redoute point, & pour ton bien, espere.

ARTHENICE.

Puisse bien tost finir, & mes maux & mes iours.

L'INFANTE.

Va, ne murmure plus, espere en mon secours.

K iij

SCENE SEPTIESME.

L'INFANTE, AMINTE.

L'INFANTE.

E luy promets de l'aide, & ie la veux de-
struire,
Ie paroist fauorable, ou i'ay dessein de nuire,
Et l'honneur qui combat pour elle contre moy,
Me sollicite en vain de luy tenir ma foy;
Quelque bon mouuement que la vertu m'inspire,
L'Amour dedans mon cœur establit son empire,
Et de quelque costé que ie tourne mes pas,
Hermodante y paroist, encore qu'il n'y soit pas.

AMINTE.

Que dites vous, Madame,

ARTHENICE.

Apprends, ma chere Aminte,

Qu'vne seconde flame a la premiere esteinte,
Mon cœur ne brusle plus pour le Prince Astramond,
Et ce premier Amant doit ceder au second.

AMINTE.

Que dites vous, Madame, esperez vous qu'il cede,
Et qu'vn Riual indigne à la fin vous possede;
Croyez vous que le Roy souffre qu'il ait vn rang,
Où l'on ne voit monter que ceux de vostre sang.
Alors qu'on vous attaque serez vous sans courage,
Et deuez vous aimer celuy qui vous outrage;
Vous aimez, Hermodante : ah! bons Dieux, qui l'eust dit,
Et que si laschement vostre honneur se perdit.

L'INFANTE.

Quoy que tu puisse dire, Hermodante est aimable,
Qui cherit la vertu ne peut estre blasmable.

AMINTE.

Aimez-la chez vn Prince, & non chez vn subiect,
L'vn est digne de vous, & l'autre est trop abiect.

L'INFANTE.

I'aime l'vn, i'aime l'autre,

AMINTE.

Aymez-le encor, Madame,

L'INNOCENT EXILE,

Et suiuez le plus iuste, & moins digne de blasme;
Voulez vous qu'il se plaigne, & de vous & du Roy,
Et pouuez vous trahir vn pere & vostre foy;
Considerez vous mieux, pesez ce que vous faites,
Par vostre propre sang, apprenez qui vous estes,
Et n'obscurcissez pas la clarté d'vn beau iour,
Par vn funeste effect qui suiuroit cét amour.
<small>Le Roy paroist.</small> *Ce Monarque a sur vous vn pouuoir equitable,*
Son courroux seroit iuste autant que redoutable.

L'INFANTE.

Son pouuoir m'authorise, aimant ainsi que moy,
Ie puis suiure l'exemple, & d'vn pere & d'vn Roy.

SCENE
HVICTIESME.

LE ROY.

Pprens quelle est ma ioye, apres vn peu de crain-
te,
Les Dieux ont escouté, ma priere & ma plainte;
Vn second

TRAGI-COMEDIE.

Vn second appareil a si bien reüssy,
Qu'Astramond sans danger, ie reste sans soucy;
Vn regard de tes yeux a soulagé sa peine,
Et depuis qu'il t'a veuë, elle est moins inhumaine;
Son sang si precieux a cessé de couler,
Et ma ioye, & ton heur ne se peuuent celer.

L'INFANTE.

Le Ciel

Le ROY.

Pour te le rendre a conserué sa teste,
Et ce Prince en vn mot doit estre ta conqueste.

L'INFANTE.

Ie vous dois obeïr,

Le ROY.

Ouy, dedans peu de iours
Tu verras couronner ta gloire & tes amours.
Heureux si mon amour se rencontroit de mesme,
Ardante & reciproque en la Beauté que i'aime;
Mais l'ingratte qu'elle est ne m'a que trop appris
Que ma poursuitte est vaine, & quels sont ses mespris.

L'INFANTE.

Un seul point equitable, autant que necessaire,
Vous peut rendre absolu contre ceste aduersaire.

L

Resistez luy, Seigneur, & sortez d'vn combat,
Où nous sommes vaincus quand nostre cœur s'abat;
Mais lors que la raison agist contre nous mesme,
Nous fuyons qui nous fuit, & suiuons qui nous aim *;
Aimer qui nous mesprise, est faillir par excés,
Et nous en esperons vn trop lasche succés.
Sire, que la raison soit icy la plus forte,

Le ROY.

Où l'Amour doit regner, toute raison est morte.

L'INFANTE.

Ie l'ay bien esprouué,

Le ROY.

Tes soins sont superflus,
Tu conseilles en vain qui ne t'escoutes plus;
Ie suis sourd aux raisons qu'en ce lieu tu m'apportes,
Elles n'ont point d'entrée, où l'Amour a cent portes;
Ce superbe Vainqueur a penetré mon sein,
Pour mieux executer son glorieux dessein;
Ma qualité de Prince est changée en esclaue,
Vn aueugle m'atterre, vne fille me braue;
Ie cede au premier traict que son œil m'a lancé,
Et ie suis trop puny pour estre l'offencé;
Contre ceste inflexible, en vain ie m'éuertuë,
Son sein sert de rempart à celuy qui me tuë;

TRAGI-COMEDIE.

L'Amour combat pour elle, & logeant dans ses yeux,
I'ay pour mon ennemy le plus puissant des Dieux.

L'INFANTE.

Opposez à sa force, vne force contraire,
Ce que ne peut vne heure, vn instant le peut faire;
Vous nommez vn mespris, ce qui n'est qu'vn respect,
Par fois vn beau present nous doit estre suspect;
L'offre d'vne Couronne est vn riche nuage,
Qui surprenant les sens nous en oste l'vsage;
Mais icy la Vertu plus puissante que l'or,
Le refusant conserue vn plus riche tresor:
Tousiours la fille est sage où moins elle est credule,
L'Amant qui la poursuit, bien souuent dissimule,
Et l'amour d'vn grand Prince est plus à redouter,
D'autant qu'il a pouuoir de tout executer.
Arthenice est aimable,

Le ROY.

Elle est plus que charmante.

L'INFANTE.

Elle est vostre subiecte,

LE ROY.

Et de plus mon Amante.

L ij

L'INFANTE.

Indigne de ce rang,

LE ROY.

Estouffe ce penser,
Et pour me plaire en fin, cesse de l'offencer;
Ce discours m'importune,

L'INFANTE.

Il est plein de iustice;

Le ROY.

C'est trop me repliquer, retirez vous Fenice.

L'INFANTE.

I'ay failly par deuoir,

Le ROY.

Il suffit, laissez moy.

AMINTE.

Elles
sortent,
& Her-
modan-
ce entre.

Retirons nous, Madame, obeissez au Roy

TRAGI-COMEDIE.

SCENE NEVFIESME.

LE ROY, HERMODANTE,

LE ROY à Hermodante.

As tu mieux reüßi,

HERMODANTE.

I'ay tenté l'impoßible.

Le ROY.

Si bien que ceste Belle

HERMODANTE.

Est toufiours inuincible.
Sire, c'est vn rocher qu'en vain ie vais battant,
Plus ie preße son cœur, & plus il est constant.

Le ROY.

Ainsi loin de m'aider, tu sers à me destruire.

HERMODANTE.

J'ay dessein de vous plaire, & non pas de vous nuire,
Mes soins, & mes discours ont suiuy mon deuoir,
Et pour vous contre moy, i'ay passé mon pouuoir.

Le ROY.

C'est trop long temps souffrir de ceste humeur hautai-
   ne,
Ie dois trouuer moy mesme vn remede à ma peine;
Ne combat plus Amour, demeure triomphant,
Si l'honneur peut beaucoup, monstre toy plus qu'en-
   fant,
Et que ceste chimere à mes vœux opposée,
Ne te dérobe point vne conqueste aisée;
Ie te demande vn cœur, le peux tu refuser,
Non, tu responds, Amour, que ie dois tout oser;
Qu'on ne peut resister à ce que i'ay dans l'ame;
Que mon dessein est iuste aussi bien que ma flame;
Qu'en cette occasion, c'est vne lascheté
De prier, où ie puis vser d'authorité;
Mais forcer ce que i'aime, aimer qui me mesprise,
Non, ne la forçons point, quittons cette entreprise;
Tentons tous les moyens que l'honneur nous permet,
Afin de posseder le bien qu'il nous promet;
Attaque encore vn coup ce genereux courage,
Et retires ton Roy d'vn visible naufrage;
Conserue toy la vie, en me la conseruant.

HERMODANTE.

Sire, il m'est glorieux de perdre en vous seruant.   Le Roy sort.
O bouche criminelle! ô lasche repartie!
Foiblesse irreparable, & trop tard ressentie;   Hermodante seul.
Ame ingratte à toy mesme, & noble pour ton Roy?
N'espere point de gloire, où tu trahis ta foy?
A cette perfidie, adiouste encore vn crime,
Laisse faire à ta main ce que ta bouche exprime;
Qu'elle seule ait l'honneur de t'auoir surmonté,
Et va ioindre le meurtre à l'infidelité.

Fin du troisiesme Acte.

ACTE IV.

SCENE PREMIERE.

HERMODANTE seul.

Ibre à present tu peux contenter ton en-
uie,
Et c'est trop prolonger, & ta peine & ta
vie;
Ne delibere plus le coup en est ietté,
Monstre plus de courage, & moins de lascheté;
Plonge sans retarder ce fer dans tes entrailles,
Fais au lieu d'vn hymen vn iour de funerailles,
Et sans plus murmurer de ton sort rigoureux,
Meurs encor plus constant que tu n'est mal-heureux;
Quand le mal est extréme, & la cause incurable,
Vouloir viure, est le rendre, autant que soy durable;
C'est irriter sa playe au lieu de la guerir,
Et son remede seul consiste à bien mourir;

Qui

TRAGI-COMEDIE. 89

Qui se plaint paroist lasche, & n'a point de courage,
On doit plustost perir que souffrir un outrage.
Ainsi pour euiter un reproche eternel,
Rend toy contre toy mesme, innocent, criminel.
Chere Arthenice, apprens que ie te suis fidelle;
Mais courir au trespas sans prendre congé d'elle;
Par ce dernier deuoir, recherche dans ces lieux,
Et la gloire & le temps de mourir à ses yeux.

SCENE
DEVXIESME.

L'INFANTE, AMINTE.

L'INFANTE.

EN fin ie te surprens, & cette solitude
N'est pas seule tesmoin de ton inquietude.

HERMODANTE.

Non, Princesse, & vos yeux en sont aussi témoins,
Ie rencontre ma perte où ie la pensois moins;

M

Fidelle à qui me pert, infidelle à moy mesme,
Pour obeïr au Roy, ie trompe ce que i'aime,
Et traiftre à mon amour pour eftablir le fien,
Ie luy cede ma gloire, & ma vie & mon bien.

L'INFANTE.

Qui pert une Maiftreffe a fujet de fe plaindre ;
Mais cette perte enfin l'efleue, & la fait craindre,
Et ie t'affeure icy que tu n'as rien perdu
Qui ne te puiffe au double eftre dans peu rendu ;
Vn cœur tout plein d'amour reconnoift ton empire,
Souuent ce cœur te parle, & fouuent il fouspire ;
Approuue tu fon choix, que feras tu pour luy ?

HERMODANTE.

Qui ne peut rien pour foy, ne peut rien pour autruy.

L'INFANTE.

L'excufe que tu prens, eft un refus vifible,
Ce que l'on veut de toy ne t'eft pas impoffible ;
Refponds, braue Hermodante, à ce cœur amoureux,
Il y va de ta gloire, & tu feras heureux.

HERMODANTE.

Tout mal-heur me pourfuit, & tout bon-heur m'échappe
Quand l'Amour me fouftient, la fortune me frappe,
Et fi ie trouue un bien auffi toft ie le pers,
Mais mon obeïffance eft aueugle où ie fers.

L'INFANTE.

Responds à mon desir,

HERMODANTE.

Que vous puis-ie respondre,
Si mon propre discours ne sert qu'à me confondre?
Mon mal est sans remede, & sans comparaison,
Ma foy destruit ma foy, mon amour ma raison :
Ainsi tousiours battu de quelque vent contraire,
Pour auoir obeï, ma perte est mon salaire.

L'INFANTE.

Qu'as tu fait apres tout, qu'vn autre ainsi que toy,
N'eust fait pour sa fortune, & pour plaire à son Roy ;
Tu perds vne Maistresse, vne autre se presente,
Illustre de naissance, absoluë & constante ;
Et pour tout dire en fin tu n'es que son subjet.

HERMODANTE.

Fust-elle plus que Reine, & mon sang plus abiect,
On me verra tousiours preferer à sa flame,
Ce qui doit separer, & mon corps & mon ame ;
Ma vie est vne mer où ie ne voy qu'vn port,
Et mon repos dépend de l'instant de ma mort ;
Ce coup fatal aux vns, à moy si desirable,
Borne mon esperance, & seul m'est fauorable ;

Arthenice en un mot y trouuera dequoy
Satisfaire sa haine à l'encontre de moy;
Apres l'auoir cedée, il est iuste, Princesse,
Que ie perde le iour, & que mon amour cesse.

L'INFANTE.

Ouy, qu'il cesse pour elle, & prenne un autre rang,
Donne luy quelques pleurs, mais espargne ton sang;
Ouure les yeux en fin pour connoistre qui t'aime,
Responds, cher Hermodante, à mon amour extréme,
Tu connois mon dessein, ie te l'ay descouuert.

HERMODANTE.

En m'ouurant vostre cœur, le mien vous est ou-
  uert;
Voyez-y mon respect, quelle Ciel m'a fait naistre,
Par là vous apprendrez que ie me dois connoistre;
Que ie ferme l'oreille à ce discours moqueur,
Et qu'Arthenice seule a droit dessus mon cœur.
Ouy, Princesse, ie l'aime, & ie luy suis pariure.

L'INFANTE.

Oze tu faire au Prince une si grande iniure.

HERMODANTE.

Ie la repareray par un coup genereux,
Et ie cesseray d'estre ingrat & mal-heureux.

TRAGI-COMEDIE.

L'INFANTE.

Vne fille irritée a fort peu d'indulgence,
Et tu dois éuiter ma haine & ma vangeance.

HERMODANTE.

Vn autre moins constant fuiroit vostre courroux,
Mais ie n'ay rien à craindre absent ny prés de vous;
Suiuez vostre colere, exercez mon courage,
La mort me sera douce, & non pas vn outrage;
Si mon deuoir icy passe pour vn forfait,
Mon sang effacera le crime que i'ay fait.

SCENE TROISIESME.

L'INFANTE, AMINTE.

L'INFANTE.

Vy, cruel, tu mourras, ta perte est legitime,
Et ton sang doit lauer, & ma honte & ton crime;
J'aduertiray le Roy du tort que tu luy fais,

Mon amour n'aura plus que de sanglans effets,
Et pour toy desormais en haine conuertie;
En moy tu trouueras ton iuge & ta partie;
Ie me vais satisfaire en procurant ta mort,
Et ie tiens en mes mains les resnes de ton sort;
La vangeance est vn bien que l'offencé desire,
Elle est belle, elle est iuste, apres elle il respire;
Vangeons nous donc, mon cœur, perdons cét orgueil-
 leux,
Et que son sang esteigne, & sa vie, & nos feux.

AMINTE.

Quelle est cette entreprise,

L'INFANTE.

                    Aminte, elle est bien haute;
Mais digne de ma haine, & digne de sa faute.

AMINTE.

Quel crime a-t'il commis en faisant son deuoir?

L'INFANTE.

il deuoit redouter sa perte, & mon pouuoir.

AMINTE.

Mon sentiment n'est pas icy pareil au vostre,
Il a respecté l'vn, & pû mespriser l'autre.

TRAGI-COMEDIE.

La vangeance aux grands cœurs est une lascheté,
Le vostre en est exempt, il a trop de bonté;
Tousiours un grand courage est ennemy du vice.

L'INFANTE.

Il faut que par sa mort ma haine s'assouuisse,
Son obiect reveillant un Amour endormy,
Me monstreroit sans cesse un mortel ennemy,
Ie le veux oublier, son souuenir m'offence.
Aime mes interests, sans prendre sa deffence;
De son trépas dépend mon heur & mon repos,
Allons donc l'accuser, le Roy vient à propos.

SCENE
QVATRIESME.

LE ROY, ARISTOBANNE, ses Gardes.

LE ROY & ses gens, ils demeurent à l'entrée du jardin.

 V'on m'attende en ce lieu,

L'INFANTE.

Qu'il a d'inquietude.

AMINTE.

Madame, il se croit seul dans cette solitude,

L'INFANTE.

Sa peine & son ennuy ne se peuuent celer,
Passons dans cette allée, & l'escoutons parler.

STANCES.
LE ROY.

Vperbe Amour, Maistre des Parques,
Dont ie reuere les projects,
Et qui conte entre tes subiects
Tant de peuples, & de Monarques.
Ay-ie soustrait à tes Autels,
L'encens qu'on doit aux immortels,
Pour souffrir qu'vne ingratte impunément m'outrage ;
Vn autre la possede, elle a receu sa foy,
Et sur cette Beauté i'aurois tout l'auantage
Si iestois Hermodante, & s'il estoit mon Roy.

I'aime

J'ayme, & j'adore ma sujette,
Mais ce beau chef d'œuure des Cieux,
Bien plus rare qu'ambitieux
Fuy ma couronne & la rejette.
Mon Sceptre & mes tresors offerts,
Ne font que resserrer mes ferts,
Tousiours mon cœur soupire & mon ame abbatuë
Me fait dire à l'amour qui combat contre moy,
Inuincible Tyran qui me force & me tuë,
Que ne suis-ie Hermodante, & que n'est-il mon Roy.

Vaine grandeur, pompe importune,
Qui ne seruez qu'à me parer,
Pourrez vous bien me figurer
Quelle est ma gloire & ma fortune,
Tiltre si beau, si respecté,
Auguste nom de Majesté,
Vous puis-je conseruer lors que ie suis esclaue,
Non, ce raisonnement est indigne de moy,
Mais malgré ses amans, dont le mespris me braue,
Ils seront mes subjets, & ie seray leur Roy.

L'INNOCENT EXILE,
LE ROY continuë

Suy donc le mouuement que ton amour t'inspire,
Et conserue auiourd'huy ta vie & ton Empire,
Force, force, vne ingratte à ne plus dedaigner
Vn Roy qui peut sur elle absolument regner.

L'INFANTE.

Son ame à la vengeance est toute disposee,
Et son authorité la rendra plus aysee.

AMINTE.

Approchez, il vous voit

LE ROY.

Que faits-tu en ces lieux.

L'INFANTE.

Vostre interest m'y porte, & le vouloir des Dieux,
Hermodante est.

LE ROY.

Acheue.

L'INFANTE.

Faut-il que ie l'accuse,

Mon amour le veut perdre, & sa vertu l'excuse,
Mais son mespris m'offence.

LE ROY.

Acheue, qu'à t'il fait.

L'INFANTE.

L'amour & la vertu composent son forfait
Sire, où vous l'employez, il parle pour luy-mesme
Et vous n'obtiendrez rien sur la beauté qu'il ayme,
Sa constance a paru dans ces lieux deuant moy,
Et poursuiure Arthenice il croit manquer de foy.

LE ROY.

Il en perdra la vie, esclatte ma vengeance,
Deffaits toy d'vn Riual qui te nuit & t'offence,
Et sans plus diferer ce iuste chastiment
Immolle à ta colere, & l'Amante & l'Amant
Mais verras-tu mourir celle qui te fait viure
Sans du moins à la mort, l'imiter & la suiure,
Qui menace sa teste attente contre toy,
Ne sois donc point Tyran, pour estre tousiours Roy,
Perds l'vn, & sauue l'autre, ouy laisse à ceste ingrat-
   te
Le regret de suruiure à celuy qui la flatte,
Qu'elle pleure sans cesse vn traistre audacieux,
Et porte ses regrets iusqu'au trosne des Dieux.

L'INNOCENT EXILE,

L'INFANTE.

Il seroit à propos au moins comme il me semble,
De commettre quelqu'vn qui les surprit ensemble.

LE ROY.

Ton aduis est tres-juste, hola, quelqu'vn à moy.

L'INFANTE.

Tout succede à mes vœux.

LE ROY parlant à Aristobanne.

Obeïs à ton Roy.
Cherche l'occasion de les pouuoir surprendre,
Et reuiens au Palais. ou ie m'en vais t'attendre,
Qui n'eglige mon ordre, aussi tost s'en repend,

ARISTOBANNE.

Ie feray mon deuoir.

LE ROY.

Ta fortune en depend.

TRAGI-COMEDIE.

SCENE CINQVIESME.

L'INFANTE, AMINTE.

L'INFANTE.

Insi ma passion si tu fus negligée,
On te va satisfaire, & ie seray vengée,
Celuy qui mesprisa ma haine & mon amour
Perdra dans vn instant sa Maistresse & le iour,
Ouy cruel ton mépris te va couster la vie,
Ie n'auray point de bien, qu'on ne te l'ayt rauie,
Ton sang doit reparer ce qu'a fait ton orgueil,
Et pour me contenter, on t'appreste vn cercueil:
Mais ce penser me donne vne mortelle atteinte,
L'Amour pour cét ingrat, me fait icy sa plainte,
Princesse, me dit-il, tu poursuy son trespas,
Il le souffre, & les Dieux ne le vengeront pas,
Ou ta fureur esclatte, admire ton ouurage,
Dans vn fleuue de sang, il va faire naufrage,

Le pourras-tu souffrir apres l'auoir aymé,
De colere & d'amour ton cœur est enflammé,
Mais l'vn deuoit sur l'autre emporter la balance,
Et non pas te porter à tant de violence,
Ouy tu deuois auoir dans ton affection
Beaucoup de preuoyance, & moins de passion,
Regrette vne vengeance, & trop lasche, & trop
 prompte,
S'il meurt injustement, tu dois mourir de honte,
Oppose à sa disgrace, vn remede aussi prompt,
Qu'vn Myrthe glorieux enuironne son front,
Va porter tous les chefs à deffendre sa vie,
Et ne differe point vne si iuste enuie,
Que ta vertu reprenne vne place où l'amour
Prist naissance & mourut si tost qu'il vit le iour.
Rends au Prince Astramond, ceste place vsurpée,
Et qu'elle soit enfin par luy seul occupée,
Il est digne de toy, rends toy digne de luy,
C'est la gloire & le prix que l'on t'offre aujourd'huy,
Vse donc bien du temps, l'occasion te presse,
Hermodante sauué, mais voicy sa Maistresse.

SCENE SIXIESME.

ARTHENICE, DORIS.

L'INFANTE.

Pprends en peu de mots ce que i'ay fait pour toy,
I'ay combatu mon pere, & n'ay sceu vaincre vn Roy.
Mais de ton infortune, accuse ton merite,
Que cela te suffise, il faut que ie te quitte,
Treuue dans ta constance vn remede à ton mal.

ARTHENICE.

Fut-il iamais mal-heur, à mon mal-heur égal,
Hé bien, Doris, hé bien, que faut-il que ie suiue,
Est-il temps de mourir, ou veux-tu que ie viue

DORIS.

Opposez à ce Prince vn rempart de vertu,

Et ne vous rendez point sans auoir combatu,
S'il doit vaincre par force, au moins ayez la gloire,
Qu'il achepte à grand prix, vne telle victoire.

ARTHENICE.

Si ceste foible main ne me manque au besoing,
Elle reserue vn coup dont tu seras tesmoing.

DORIS.

Ne precipitez rien.

ARTHENICE.

     Veux tu que ie differe
par vne lascheté, ce que le temps peut faire,
Nous courons à la mort d'vn pas precipité.
Et l'honneur par le sang peut bien estre achepté.

DORIS.

Ce Prince peut changer, mais Hermodante approche.

SCENE

TRAGI-COMEDIE.

SCENE VII.
HERMODANTE.

Ouffrons encor vn coup sa haine & son
reproche.

ARTHENICE.
Perfide, homme sans cœur, qui t'ameine en ce lieu.

HERMODANTE.
Le desir d'y mourir, & de te dire adieu,
Si ie suis criminel, l'honneur est mon complice,
Au moins par vn regard modere mon supplice,
En faisant mon deuoir i'ay failly contre toy,
Et ie sçay qu'on doit plus à l'amour qu'à son roy,
Toutesfois mon respect à bien voulu paraistre,
Mais apres cét adieu ne me nommes plus traistre;
Regarde moy cruelle, & iette icy les yeux,
Et de nostre infortune accuse tous les Dieux:
Responds aux vœux du Roy, contente son enuie,
Et par ce fer esteints & ma flame & ma vie,
Ne me refuse point vn si noble trespas.

O

SCENE VIII.

ARISTOBANNE, SES GARDES.

ARISTOBANNE saisissant Hermodante.

N autre à ce dessein doit employer son bras,
Cedde au vouloir du Roy, c'est luy qui veut ta perte.

HERMODANTE.

J'embrasse volontiers la mort qui m'est offerte,
Elle est moins qu'un exil à l'homme Genereux,
Et par ce dernier coup on me va rendre heureux,
Si ie la vis jadis au milieu des batailles,
Au siege d'vne place, ou dessus des murailles,
Ie la puis voir encor sur vn triste échafaut,
Et qui ne la craint pas, sçait mourir comme il faut,
Dans les plus grands perils mon ame est affermie,
Et i'ay tousiours braué la fortune & l'enuie :
Adieu belle Arthenice, ayme & benis mon sort,
Que le tien soit plus doux & ne plaint point ma mort.

ARTHENICE.

Ie te suiuray de prés.

ARISTOBANNE.

Sa Majesté vous mande,
Madame obeyssez.

ARTHENICE.

Faits ce qu'on te commande.

HERMODANTE.

Allons chere Arthenice, & ne souspire plus,
La plainte & les regrets sont icy superflus.

ACTE V.

SCENE PREMIERE.

LE ROY, ARTABAZE, THEOMBRE, ORONTE, CLARIMANT, ARISTOBANNE, CLEON, ASTRAMOND, DEVX DE SES GARDES, ARTHENICE, DORIS, L'INFANTE, AMINTE, HERMODANTE, LES GARDES.

L'INFANTE.

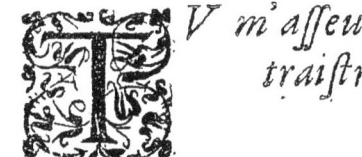V m'asseures enfin qu'Artabaze est vn traistre.

AMINTE.

Ouy, Madame, & dans peu vous le pourrez connaistre,

Luy mesme en s'accusant a fait voir son peché,
Et découurir vn mal qu'il a long-temps caché,
Son amour.

L'INFANTE.

Que dis-tu?

AMINTE.

Permetez que i'acheue,
Que vostre estonnement prenne vn moment de treue;
Tantost se croyant seul, au milieu de ce bois,
Pour proferer ces mots, il a poussé sa voix,
Hermodante a-t'il dit, il faut que tu perisse,
La fortune en tout temps a d'estranges caprices,
Elle t'a caressé, maintenant ie la tiens,
Et depuis que mon Roy souffre mes entretiens,
Tu n'as plus de credit, cette aueugle te laisse,
Le bras qui t'esleua, me soustient & t'abaisse,
Ton innocence est foible, & ie t'ay peu trahir,
Le Roy resout ta mort, on luy doit obeyr;
Si ton bon-heur fut grand, ma haine fut extréme,
Et pour toute raison, te suffise que i'ayme,
Là destournant ses yeux & ses pas deuers moy,
I'ay pris vne autre route, ô dieux ie l'apperçoy.

L'INFANTE.

Obseruons de tout poinct, son discours & son geste,

O iij

L'INNOCENT EXILE'.
Et deliurons l'Eſtat d'vne mortelle peſte.

AMINTE.

Tirons nous à l'eſcart, ne faiſons point de bruit,
Son deſſein par le noſtre, enfin ſera deſtruit.

SCENE DEVXIESME.

ARTABAZE, L'INFANTE, AMINTE.

ARTABAZE ſe voyant ſeul.

LE temps me rit tout me ſuccede,
Et contre l'ordre & la raiſon
I'ay trouué dans ma trahiſon
Et ma vengeance & mon remede,
Qu'vn eſprit ſubtil eſt puiſſant,
Le Roy va perdre vn innocent,
Ma laſcheté fait qu'on l'opprime,
Il a la guerre & i'ay la paix,
Sa vertu meurt ou vit mon crime,

Et tout respond à mes souhaits.

Confesse Hermodante, confesse,
Que ton Riual sçait se venger,
Ie ne t'ay mis dans le danger
Que pour t'oster à ta Maistresse,
Mon amour t'a fait criminel,
Et quoy qu'vn remord eternel
Dedans mon sein me persecutte,
Ie verray ta mort sans horreur,
Si dés ce iour on execute
L'arrest du Prince & ma fureur.

Mais puis qu'à cét arrest tout vn peuple s'oppose,
Et que d'vn innocent il entreprend la cause,
Que la Princesse mesme en a fait le dessein,
Et que tout ira mal si tu n'y mets la main,
Va retrouuer le Roy, soustient ta calomnie,
Et porte son esprit iusqu'à la tyrannie,
A quel prix que ce soit, qu'Hermodante auiour-
 d'huy,
Perisse, y deusse-tu perir auecque luy.

L'INNOCENT EXILÉ,

L'INFANTE.

Ie veux punir ce traistre, il faut que ie l'approche.

AMINTE.

Ah Madame arrestez, accordez moy ce poinct,
Laissons sortir ce traistre, & ne paroissons point,
Sauuons vn innocent, & perdons qui l'offence,
Les chefs ont par vostre ordre entrepris sa deffence:
Mais que ce cœur ingrat & si digne de mort,
Lors qu'il y pense moins, fasse naufrage au port.

L'INFANTE.

Allons sans perdre temps acheuer cét ouurage,
Ma foiblesse a paru, monstrons nostre courage,
Hermodante est vn bien necessaire à l'Estat,
Aydons à le sauuer, & perdons vn ingrat.

SCENE

TRAGICOMEDIE. 173

SCENE DEVXIESME.

LE ROY, ARTABAZE, ORONTE, THEOMBRE, CLARIMAND.

LE ROY dans la salle du Conseil.

Q*u'on ne m'en parle plus la chose est resoluë.

On tire la Tapisserie.

THEOMBRE.

Le peuple en ce malheur, prend beau-
coup d'interest,
Il murmure & s'oppose à ce funeste arrest:
Celuy qui tant de fois à soustenu l'Empire,
Attire tous les cœurs, chacun pour luy souspire,
La reuolte est à craindre, & le peuple apres tout.

LE ROY.

Quoy qu'il oze entreprendre, vn Prince en vient à
bout.

P

L'INNOCENT EXILE,

THEOMBRE.

Son audace à l'abord, souuent passe à l'extréme.

LE ROY.

Mais il respecte & craint qui porte vn Diadesme.

THEOMBRE.

Ou la raison n'est plus, tout doit estre suspect,
Et l'on y treuue peu de crainte & de respect.

LE ROY.

Comme ie serts les Dieux, ie suis seruy des hommes,
On ne peut m'esbransler dans le siecle ou nous sommes,
Mes subjets mutinez, ne m'estonneroient pas,
Ma gloire & leur salut dependent de ce bras.

ORONTE.

Sire il est dangereux de remettre à sa dextre,
Ce qui doit soustenir l'authorité d'vn Sceptre:
Chaque membre est vtile & necessaire au corps,
Vnis ils font tousiours de merueilleux efforts,
Mais lors que separez, ils tentent quelque chose;
Ils reüsissent peu, quelle que soit leur cause.

ARTABAZE.

Vn Prince souuerain n'a rien à redouter,

TRAGI-COMEDIE.

Et ce qu'il a voulu se doit executer.

ORONTE.

Sa clemence est aux siens vne grace adorable.

ARTABAZE.

Il est plus redouté, moins il est exorable,
S'il n'est vn peu seuere, il n'est pas obei,
Et le Prince indulgent est bien souuent trahy.

ORONTE.

Lors qu'vn Roy monstre aux siens, vne lasche puis-
sance,
(Sire pardonnez-moy, si ce mot vous offence)
Son peuple se rebelle, & par vn attentat,
Se rend insolemment ennemy de l'Estat:
Mouuemens qui font voir le Sujet & le Prince,
Esclaue dans les fers de leur propre Prouince,
L'vn faute de conduitte, & l'autre d'vn bon frain,
Qui le retienne ferme aux loix du Souuerain.

ARTABAZE.

Le temps sert à punir ces mutins de leur faute,
Ce qu'ils ont vsurpé le supplice leur oste,
Ces esprits criminels de l'eze Majesté,
Reçoiuent tost ou tard ce qu'ils ont merité;
L'authorité des Rois est tousiours triomphante,

P ij

Et la rebellion meurt si tost qu'elle enfante,
Le peuple au gré du vent porte ses volontez,
C'est vn monstre aueuglé qui fulmine & qui crie.

CLARIMANT.

Difficile à dompter quant il est en furie,
Il ressemble au Torrant qu'on ne peut retenir.

ARTABAZE.

Sa deffaitte consiste à le sçauoir punir,
Sa force a peu d'effect, quoy qu'elle soit enorme,
Vn instant la destruit, comme vn instant la forme.

CLARIMANT.

Cette belle maxime a d'estranges progrés,
Et porte bien souuent de la force aux regrets.

LE ROY.

Mon peuple ne peut rien dans l'action presente.

CLARIMANT.

Il entreprendra tout, pour sauuer Hermodante,
Et l'amitié qu'il porte à ce chef mal-heureux,
Est à vostre puissance vn poison dangereux,
Vn Empire appuyé des Subjets & du Prince,
Peut de tout l'vniuers se faire vne Prouince.
Mais lors que des-vnis ils marchent aux combats,
Chacun d'eux se destruit & ne conqueste pas.

TRAGI-COMEDIE.

Si tost que ce desordre attaque vne Couronne,
Tout semble estre permis & l'on ne craint personne.

LE ROY

A ce compte vn Subjet mepriseroit sa Loy,
Ie serois son esclaue, au lieu d'estre son Roy,
Et l'Estat renuersé sans me pouuoir deffendre,
Il monteroit au Thrône, & m'en feroit descendre,
Et la Perse apprendroit aux siecles aduenir,
Que ie l'aurois iugé sans le pouuoir punir,
Me rendray-ie moy-mesme ennemy de ma gloire,
Celuy que ie dois perdre aura-t'il la victoire,
Ne l'auray-ie banny que pour le couronner,
Et le crime d'Estat se peut-il pardonner.

THEOMBRE.

Pour obseruer les loix on condamne le crime,
Mais le Prince fait grace & la rend legitime,
La vertu d'Hermodante a souffert en ce poinct,
Qu'on le fit criminel, quoy qu'il ne le fut point,
Sire, il fut exilé sans le vouloir entendre,
On ne luy donna pas le temps de se deffendre,
Et sans se souuenir du rang qu'il auoit eu,
Il fit en s'esloignant vn acte de vertu.

LE ROY.

Ie sçay ce qu'il a fait, & ce qu'il a deu faire,

P iij

Au moins à son exemple, aprenez à vous taire,
Son crime & vos conseils excitent mon courroux,
Ie veux qu'on m'obeisse, allez retirez vous:
Mais que me veut ce Prince, & quel dessein l'ameine.

SCENE
TROISIESME.

ASTRAMOND conduit par deux des siens.

Ire le bruit commun ma mis si fort en peine,
Que i'ose m'enquerir de vostre Majesté
Si la mort d'Hermodante est vne verité.

LE ROY.

Ouy Prince, i'ay donné cét Arrest necessaire,
Et pour me conseruer, ie perds vn aduersaire,
Vn rebelle à son Roy, perfide à son pays,
Contraire à mes desseins, & qui nous a trahis;
Iuge si i'ay raison de condamner ce traistre,
S'il est permis au serf de desseruir son Maistre,
Et s'il est iuste enfin, que cét audacieux,

TRAGI-COMEDIE.

Apprenne qu'on doit craindre & les Rois & les
 Dieux,
Ouy son crime regarde & les vns & les autres,
Les interests des Dieux sont attribuez aux nostres,
Et le sang qui nous lie à ces diuinitez,
Fait voir que nous auons beaucoup d'égalitez:
Qui s'attaque à son Roy, porte au Ciel son offence,
Elle est irremissible, & par tout sans deffence,
Telle est celle d'vn traistre & d'vn sujet ingrat,
Que tu dois oublier apres son attentat.

ASTRAMOND.

L'innocence est souuent par le vice opprimée,
Et contre la vertu, l'enuie est animée,
Le fauory d'vn Prince arreste tous les yeux,
Et plus il est aymé, plus il a d'enuieux,
On flatte sa fortune au plus haut de sa rouë,
Mais tel luy fait la cour, le carresse, le louë,
Qui sourdement le frappe, & son heur perissant,
On voit vn criminel, ou fut vn innocent
C'est ainsi qu'Hermodante enuié par vn autre,
A veu perir sa gloire en soustenant la vostre,
Sire, on vous a surpris, & le ciel a souffert
Qu'on ayt presté l'oreille à celuy qui le pert,
Qu'il soit recompensé, que son Roy le cherisse,
Mais il ne peut souffrir que l'innocent perisse:
Grand Prince reuoquez vne seuere loy,

L'INNOCENT EXILÉ

Il montre ses cicatrices

Par ses bouches de sang à vos yeux decouvertes,
Pour le bien du pays, & pour le vostre ouvertes,
Par ce front couronné, parce que vous pouvez
Accordez moy sa vie, & me la conservez,
Où souffrez sur le champ pour l'exempter de peines,
Qu'on épuise en ce lieu tout le sang de mes veines,
Sire nostre amitié vous parle par ma voix,
S'il a fait une faute, exemptez-le des loix :
Souvenez vous au moins de ses peines passées,
Son sang en fut le prix, sont-elles effacées,
Tant de rudes combats soustenus & gaignez,
La paix qu'il a renduë aux lieux où vous regnez,
Sont les moindres témoings produits pour sa deffence.

LE ROY.

Qui me parle pour luy m'importune & m'offence,
Et quelque beau succez qu'ayt produit sa valeur,
Il fait peu pour son crime, & trop pour ma douleur,
Cognoissant ce qu'il fut, ie crains ce qu'il doit estre,
Ouy, i'ay peine à souscrire à l'arrest de ce traistre,
Tout perfide qu'il est, ie l'ayme & ie le plains,
I'ordonne & veux sa mort, & c'est ce que ie crains.

ASTRAMONT.

Son crime est-il si grand, qu'il soit irremissible.

LE ROY

TRAGICOMEDIE.
LE ROY.

Pleuſt aux Dieux qu'il fut moindre & qu'il me fut
poſſible,

ASTRAMOND.

Que ne pouuez vous point ſi tout vous eſt permis:
Vn Roy peut pardonner meſme à ſes ennemis.

LE ROY.

Ie ne le puis ſauuer ſans faire vne iniuſtice,
Et l'on me blaſmeroit ſi ie ſoufrois le vice.

ASTRAMOND.

On n'a rien à reprendre aux actions des Rois,
Qui ſeuls à leurs ſubjects font & donnent des lois:
Le Diadeſme au front, ils ont ceſte puiſſance
De remettre ou punir, quelle que ſoit l'offence,
Pardonnez doncq Seigneur, puiſque vous le pouuez,
Accordez-moy ſa vie, & me la conſeruez;
Il ſuffit d'vn ſupplice à qui commiſt vn crime,
L'exil qu'il a ſoufert injuſte ou legitime,
Aſſez griefuement punit ce criminel.

LE ROY.

Il deuoit m'obeïr & le rendre eternel
Et non pas entreprendre ainſi qu'il oza faire,
De combattre;

Q

ASTRAMOND.

Et de vaincre vn mortel aduerſaire,
Si pour voſtre intereſt ie ne l'euſſe forcé,
Il ne vous auroit pas à ce poinct offencé,
Ie le forcé, Seigneur, à vous rendre ſeruice,
Auray-ie part au crime & luy ſeul au ſuplice:
Pouuez-vous punir l'vn, ſans punir l'autre auſſi,
Dieux quel autre que vous en vſeroit ainſi,
Ie ſuis le plus coupable, & ma gloire eſt fleſtrie
S'il a commis vn crime en ſeruant ſa patrie:
Ces lieux ſont teints encor du ſang qu'il a versé,
Il ſuiuy mes conſeils, & ſeul ie l'y pouſſé.

LE ROY

Sa derniere action, quoy que noble m'exprime,
Sa deſobeyſſance & l'exceds de ſon crime,
Qu'on le faſſe venir, tes yeux ſeront témoins,
Qu'il eſt, & fut touſiours indigne de tes ſoings:
Deuant toy conuaincu, ie veux qu'on le puniſſe.

CLEON.

Sire ſuiuant voſtre ordre, on ameine Arthenice

LE ROY.

Page dis luy qu'elle entre, ah deffend toy mon cœur,
Reſiſte à cette ingratte, & demeure vainqueur.

TRAGI-COMEDIE 123

SCENE QVATRIESME.

ARTHENICE, SES GARDES.

LE ROY, à Arthenice.

E bien belle inhumaine eft tu toufiours
    conftante,
Crois tu que ta beauté demeure triom-
    phante,
Ne crains tu point ma haine, & ton cœur indompté,
Sera-il fans refpect pour qui t'en a porté,
Sçait-tu pas qui ie fuis.

ARTHENICE.

Ouy ie fçay qui vous eftes,
Et vous me l'apprenez par tout ce que vous faites,
Ie refpecte pourtant l'augufte nom de Roy,
Et ie voy qui le porte auec beaucoup d'effroy:
Si en vous approchant ie tremble & ie frifonne,

Q ij

Mais ie crains moins pour moy que pour voſtre per-
  ſonne,
Ces marques de grandeur dont l'on fait tant d'eſtat,
Sont de foibles rozeaux de qui le vent s'eſbat,
La fortune souſtient, & briſe vne couronne,
Vn moment la rauit, comme vn moment la donne:
Les Roys ainſi que nous ſont ſujets au deſtin,
Et treuuent bien ſouuent leur couchant au matin.

LE ROY.

Reſerue ſes leçons dont la force eſt ſupréme,
Vn Dieu fait ce qu'il veut, & moy ie fais de meſme,
Ce qu'il eſt dans les cieux, ie le ſuis icy bas,
Ie me tiens auſſi ferme en paix comme aux combats,
Prepare ton eſprit pour combattre mes armes,
A des ruiſſeaux de ſang, meſle vn torrent de larmes,
Et ſi pour mes reſpects tu n'eus que des mépris,
La mort de ton Amant t'eſt vn trop iuſte prix.

ARTHENICE.

Lors qu'on meurt innocent la gloire eſt infinie,
La mort l'exemptera de voſtre tyrannie,
C'eſt l'oſter à la terre, & le rendre immortel,
Mon ſein luy ſert de temple & mon cœur d'vn autel.

LE ROY.

Vante ſa gloire au poinct que tu la crois montée,

TRAGI-COMEDIE.

*Assez, & trop long-temps mon amour t'a flattée:
Il est temps qu'elle cesse, & que ie fasse voir,
Apres ton insolence, ou s'estend mon pouuoir,
Mon cœur brusle pour toy d'vne amour trop ardante:
Mais desormais changé, vis pour ton Hermodante.*

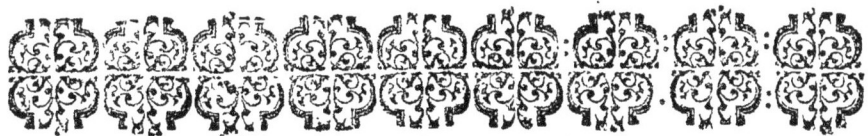

SCENE V.

HERMODANTE, ET SES GARDES, ARISTOBANNE.

LE ROY continuë.

'Apperçoy ce perfide, arreste icy tes pas,
Et m'entends prononcer sa grace ou son tres-
pas,

ARTHENICE.

*Mon cœur n'est point émeu d'vne telle menace,
Ie verray d'vn œil sec & sa mort & sa grace.*

ASTRAMOND.

Sire permettez luy de se iustifier,

Le crime qu'il a fait se doit verifier,

HERMODANTE.

*Que mon accusateur soustienne en ma presence
Ce que i'ay retranché de mon obeyssance,
Ie le feray mentir si vostre Majesté
Laisse encor à ce bras vn peu de liberté,
Ie me suis acquitté soit en paix, soit en guerre,
Des rangs que i'ay tenus & sur mer & sur terre,
On ne peut reprocher à mon sort glorieux,
Sinon qu'il a tousiours esté victorieux.*

LE ROY.

*Que l'on cherche Artabaze, allez qu'on me l'ameine,
Ie te doits vn triomphe & non pas vne peine,
Ton amour pour Elise à droit de t'excuser.*

ARTHENICE à part.

Dieux qu'entens-je, & de quoy le veut-on accuser?

LE ROY.

*La prise d'Antheon me parle de ta gloire,
Mais par ta lascheté, i'achepte ta victoire,
Estre à son Roy perfide, engager son honneur,
Traicter secrettement auec vn Gouuerneur,
Pour l'amour de sa fille empescher sa deffaite,
Contraindre tous mes gens à faire vne retraitte,*

TRAGI-COMEDIE.

Dessous mille Cyprès accabler leurs Lauriers,
Et perdre en te suiuant mes plus braues Guerriers:
Iuge quel est ce crime, & quelle est ma clemence,
Tu ne fus qu'exilé pour vne telle offence,
Ie combattis pour toy les Iuges, leurs aduis
Contre l'ordre & le droit, les miens furent suiuis,
Et cependant, ingrat, tu veux bien me desplaire,
Toutes tes actions irritent ma collere,
Tu me desobeïs, tu combats malgré moy,
Mais songe que ie suis & ton Iuge & ton Roy.

HERMODANTE.

Ce discours me surprend & ne me peut confondre.

LE ROY.

Voy ton accusateur, & pense à luy respondre.

HERMODANTE.

Qu'il a peu d'asseurance, il tremble en approchant,
Ciel soustient l'innocence, & puny ce meschant.

SCENE VI.
ET DERNIERE.

ARTABAZE, L'INFANTE,
HERMODANTE luy parlant.

Sprit lâche & peruers, Monstre esclos
de l'enuie,
Ennemy de la gloire & qui me las rauie,
Prouue quel est mon crime.

ARTABAZE
Aprends la verité
Ton amour pour Elize a fait ta lascheté.

HERMODANTE.
Ah! Sire en cet endroit, soufrez que ie m'emporte
Mon respect me retient, mais ma gloire est plus forte,
Ie ne bruslé iamais pour celle qu'il vous dit
Et tousiours mon courage a sauué mon credit.
Permettez

TRAGI-COMEDIE.

Permettez qu'vn combat,

L'INFANTE.

Il n'est pas necessaire,
Sans combattre tu peux vaincre ton aduersaire,
I'ay de sa propre bouche appris ce qu'il a fait,
Ie sçay ton innocence, & voicy son forfait.
Ta lâcheté fait qu'on l'opprime
Il a la guerre & toy la paix,
Sa vertu meurt ou vit ton crime
Et tout répond à tes souhaits :
Quoy qu'vn remors te persecutte,
Tu verras sa mort sans horreur,
Si dés ce iour on executte
L'arrest du Prince & ta fureur :
Tu ne me réponds rien, as-tu la bouche close,
N'oserois-tu d'effendre vne mauuaise cause.

ARTABAZE.

Ay-ie peu me trahir, dois-je icy m'accuser,
Non, cherche vne raison qui te puisse excuser,
Treuue dedans ta faute vn sujet assez ample
Pour perdre vn innocent, & t'eriger vn temple,
Apres auoir surpris ses Iuges & ton Roy,
Souffrons ta lâcheté, qu'il meure & fuiue loy,
Mais que pourras-tu dire, & quelle est ton offence,

R

Si pour luy contre toy le Ciel prend sa deffence,
Ton crime est descouuert, ton amour est sans fruict,
Ta perte ineuitable, & ton espoir destruit,
Meurs donc, & que chacun de ta mort s'entretienne,
Ou si l'amour te pert, que l'amour te soustienne.

LE ROY.

Leue, leue le masque, & sans plus reculer,
Confesse icy ton crime, il ne se peut celer.

ARTABAZE.

Ouy mon crime est si grand, qu'il est irremissible,
Et vouloir l'excuser, c'est faire l'impossible,
Ce que i'ay dit est faux, Sire il est innocent,
L'honneur eust à combattre vn ennemy puissant,
Mais si l'on considere ou l'amour porte vne ame,
Ie deuois dauantage au dessein de ma flamme,
Arthenice en ses mains, ie cesse d'esperer,
Et tout ce que ie puis en ce lieu desirer,
Ordonnez de ma mort, ma faute est assez grande.

LE ROY

L'Arrest suiura de pres cette iuste demande.

HERMODANTE.

En faueur de l'amour excusez son forfait,
Considerez sa cause, & non pas son effect,

TRAGICOMEDIE. 131

Il n'est rien qu'un Amant pour son bien n'entre-
    prenne,
Tout luy semble facille, & couste peu de peine,
Il sera trop puny de me voir à ses yeux
Posseder en repos ce tresor precieux.

LE ROY.

Ton courage te porte à cette noble enuie,
Et pour te contenter ie te donne sa vie,
Mais pour seruir d'exemple à mes sujets ingrats,   Il parle à
Oste nous ta presence, & sors de mes Estats: Attabaze.
Va chez les estrangers exercer ta malice,
Que sans cesse vn remors te serue de supplice,
Emporte auecque toy ton crime & mon soucy,
Va, sors, & sans replique esloigne toy d'icy,   Artabaze
Vous genereux Amants, viuez dans ma Prouince,   sort.
Asseurez de l'amour, des Sujets & du Prince,
Que l'on n'entende plus ny la nuict, ny le iour
Que des chants d'allegresse, & des souspirs d'amour.

HERMODANTE.

Tout confus & rauy, ie ne sçay que répondre,
Ma langue me trahit, & me laisse confondre.

ARTHENICE.

Quant à moy, puissant Prince, il est aysé de voir
Et quelle est vostre grace, & quel est mon deuoir

R

L'INNOCENT EXILÉ,

Mais, Sire, dans cét heur que le ciel nous enuoie,
Vn seul poinct reste encor pour accomplir ma ioye.

LE ROY.

Possedant cét Amant, peut tu rien souhaitter,
Ton bon-heur est extréme, on ne peut l'augmenter:
Mais dy ce que tu veux, ton Roy te le commande.

ARTHENICE.

Sire c'est vn pardon que ma fuitte demande,
Et ma mere offencée a droit de me punir.

LE ROY.

Ouy ie sçauray pour toy cette grace obtenir,
Ie le veux, c'est assez, il faut qu'elle y consente,
Si ton Amant luy pleust, elle sera contente,
Mais toy braue Astramond, que ma Couronne attend
Si sa possession te peut rendre content,
Si le dessein d'vn pere en te donnant sa fille,
Te doit rendre l'appuy d'vne illustre famille,
Que les loix de l'Himen accomplissent tes vœux,
Et borne d'vn seul iour tes desseins amoureux:
Si tost que le Soleil sera sorti de l'onde,
Qu'on voie à son leuer le plus beau iour du monde.

ASTRAMOND.

deuoir & l'amour qui me ioignent à vous,

De ma prosperité rendront les Dieux ialoux;
Princesse c'est à vous à couronner ma ioye.

L'INFANTE.

Ce qu'vn pere a voulu, mon deuoir vous l'octroye.

ASTRAMOND.

O fauorable arrest.

AMINTE.

O fauorable iour,
Ou l'on voit triompher la constance & l'amour.

LE ROY à Hermodante.

Le superbe échafaut qui menaçoit ta teste,
Marquera dans demain ta gloire & ta conqueste,
Vn trophée esleué parlera de tes faits,
Et l'on admirera tes glorieux effects,
Au milieu de la place on lira ton histoire,
Et de peur que la Perse en perde la memoire,
Si partout l'vniuers ton beau nom a volé
Que l'on v~ · l'Innocent Exilé.

www.ingramcontent.com/pod-product-compliance
Lightning Source LLC
Chambersburg PA
CBHW060150100426
42744CB00007B/976